어떤 하루

어떤 하루

1판 1쇄 발행 2014년 03월 10일
1판 2쇄 발행 2014년 03월 25일

지은이 신준모
그린이 김진희
펴낸이 김병은
펴낸곳 프롬북스

기획편집 서진 노지혜
표지 · 본문 정현옥
마케팅 조윤규

등록번호 제313-2007-000021호
등록일자 2007.2.1.

주소 경기도 고양시 일산동구 장항동 정발산로 24 웨스턴돔타워 T1-706호
문의 031-931-5990~3
팩스 031-931-5992
전자우편 edit@frombooks.co.kr

ISBN 978-89-93734-34-8 03810
정가 13,800원

어떤 하루

| 신준모 지음 · 김진희 그림 |

프롬북스
frombooks

'서동요 작전'을 아시나요?

계획을 세우고 마음을 먹었지만 실행에 옮기지 못하는 분들을 위해
저의 방법을 하나 알려드릴게요.
저는 나름 실행의 천재라고 자부합니다.
많은 사람들이 일을 미루고 마감일이 닥쳐오면
그때부터 시간에 쫓겨 부랴부랴 일을 마치곤 합니다.
미리미리 준비를 해놓기란 참 힘들죠...

제가 터득한 방법은 동화 속에 나오는 '서동요 작전' 입니다.
간단하게 말해서 소문의 힘을 이용하는 거죠.
'나 이거 할 거다! 나 언제까지 이거 꼭 할 거다!'
스스로 내뱉은 말이 있기에 창피해서라도
실행할 수밖에 없습니다.
그렇죠. 사실, 전 저를 믿지 못하기 때문에 실행을 할 수 밖에 없는
상황을 스스로에게 만드는 거예요.
구체적이면 구체적 일수록 좋습니다.

서동요 작전은 꿈을 이루는 데도 효과적입니다.
일단, 말부터 뱉어놓고 행동으로 옮기는 거죠.
단, 자신이 한 말에 대해서 꼭 책임을 져야 한다는 사실이 중요합니다.

그러니, 일단 소문부터 내세요!!!

자신이 하고자 하는 모든 일을
주변 사람들이 모두 다 알 수 있게 말이에요.
때론 입만 살았다는 소리를 듣게 될지 모르지만
뭐 어떤가요.
만약, 그런 사람이 있다면 이렇게 당당하게 말하세요.

나는 입도 살아 있고, 행동도 살아 있다!!

당당하게 나의 꿈과 계획을 말하는 서동요 작전
어떤가요?

자, 준비됐다면 일단 해보세요.
뭐라고 말하실 건가요?

그럼, 우리 실행의 천재가 돼서 만납시다.

차례 / Contents

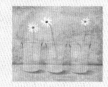

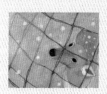

 초봄

지금, 누구와, 무엇을…?

당신이 살고 있는 곳은 어디입니까?
당신이 매일 만나고 어울리는 사람은 어떤 사람들입니까?
그곳에서 누구를 만나 무엇을 보고
무엇에 대하여 이야기를 하고 있습니까?

사람들이 성공하지 못하는 가장 큰 이유가 무엇인지 아세요?
똑똑하지 못해서? 집에 돈이 없어서? 운이 나빠서?
전혀 아닙니다. 주변 환경이 좋지 않아서 그럽니다!
인생을 바꾼 사례가, 성공한 사람이, 유명한 사람이
내 주위에 없기 때문입니다.

교육열 때문에 유명한 동네로 이사를 가는 것은
주변 환경이 바뀌면 인생에 변화가 생긴다는 사실을 알기
때문입니다. 공부 잘하는 사람들과 어울리면 자연히 공부를
하게 되고 부자들과 매일 만나 교류를 하면 부자가 될 확률은
당연히 높아집니다.

주변 환경을 바꿔보세요!

내 친구를 만나지 말라는 것이 아닙니다.
그러나 친구들과 만나 매일 일상적인 대화만 반복하고 있다면
진지하게 생각해봐야 할 문제입니다.

만나면 불평만 늘어놓는 사람들
과거에 집착하며 과거에 머물러 사는 사람들
남의 험담만 하는 사람들과는 너무 가까이 하지 마세요.
그들을 바꿀 자신이 없다면요!!!

미래를 이야기 하는 사람
긍정적인 사람, 도전하는 사람을 만나세요!!!

자기 꿈을 이미 이룬 사람
꿈을 꾸며 노력하는 사람들을 만나고 가깝게 지내세요.
당신의 인생이 마법처럼 바뀔 것입니다.

조금 창피하고 귀찮더라도 내 미래를 위해 먼저 다가가세요.
그 조그만 행동이 모여
당신의 주변 환경이 바뀌고 당신의 미래가 바뀔 테니까요.
자존심 때문이라면 잠시, 그것 또한 내려놓으세요.

빨리 오느냐, 늦게 오느냐의 차이일 뿐
그 자존심 얼마 안가서 무참히 짓밟힙니다.
한 살이라도 어릴 때 조금이라도 빨리 내려놓으세요.

환경은 나에게 주어지는 것이기도 하지만
내가 만들어가는 것이기도 합니다.

주.변.환.경.을.바.꿔.보.세.요!

꿈을 꾸는
당신에게
용기가 필요한 계절

봄

Spring

일본인들이 즐겨 기르는 '코이' 라는 잉어는
어항에서 키우면 10cm까지 자라지만
연못에 넣어두면 30cm까지 자라며
강물에 풀어주면 100cm까지 자란다고 합니다.

당신은 지금 어항에 있나요?
당신은 지금 연못에 있나요?
당신은 지금 강물에 있나요?

당신의 꿈을 가두지 마세요!
꿈을 크게 가진 만큼 당신 또한 자라납니다.

확실한 목표가 섰다면
남의 말에 휘둘리거나 주저하지 마세요.
꿈이 있는 사람은 남의 시선을 신경 쓰지 않고
묵묵히 자기 갈 길을 걸어갑니다.

정말로 좋아한다면
한두 번의 실패로 포기하지 않습니다.

나 자신에게 말하고
다른 이들에게도 선언한다면
그런 사람이 될 수밖에 없어요.
당당하게! 자신 있게!
내 꿈을 말하세요.

누구나 하고 싶은 사랑
이성을 만나기 위해 누구나 노력을 하지요.
하지만 우리와 평생을 같이해야 할
소중한 나의 꿈은 어떤가요?

이성에게 관심을 갖듯
우리 꿈에도 관심을 가져주세요.

남들이 하지 말라며
반대하는 일에서 더 많은 것을 배우기도 합니다.
만약 반대하는 일 모두를 포기했더라면
얼마나 많은 인생의 재미와 기회를 놓쳐버렸을까요?

살면서 "미친놈" 소리 한 번쯤은 들어주어야
내 인생입니다.

흔히 우리의 마음가짐을 작심삼일이라고 해요.
그러나 작심삼일을 삼일마다 계속한다면
영원히 작심하게 되는 것 아니겠어요?
작심삼일 했다고 포기하지 마세요.
삼일마다 다시 새롭게 결심하면 됩니다.

똑똑한 사람들은 확률을 계산하고 포기하지만
때론 모르고 시작하는 것이 약이 되기도 합니다.

한 번뿐인 내 인생
질질 끌려다니지 마시고
주도적으로 이끌어 나가세요.

정말로 중요한 건 말이죠!
변명도, 이유도, 도망도 문제가 아니에요.
'내가 정말 무엇이 되고 싶은가?'라는 질문이에요.
그에 대한 답을 찾는다면
문제는 더 이상 문제로 남아 있지 않는 것 같아요.

살아온 날들보다 살아가야 할 날들이 많기에
우리는 무엇이든지 다시 시작할 수 있습니다.

인생을 새로 시작해보고 싶다고 말하면서도
실제로는 그러지 못해요.
손에 쥔 것들을 쉽게 놓지 못하기 때문이죠.
지금 당신에게 필요한 것은
오직 한 가지 "용기"입니다.

할까? 말까? 고민들 하고 계신가요?
그럼 그냥 하세요.
두려우세요?
그래도 그냥 하세요.
무모한 도전이라 생각하세요?
그래도 그냥 하세요.
정말 하고 싶다면 그냥 하세요.

세상에 언제 하기 적절한 때가 있었나?
하고 보니까 적절했다, 이런 말이 나오는 거야.
적절한 시기는 우리가 만든다.
우.리.들.은. 강.해!

내 생각이 바뀌자   인생이 바뀌었고

내 주변 모든 것이 바뀌었다.

삶은 단 한 번뿐

우리, 가슴이 시키는 일은 하고 살아요.
해보고 후회하는 것이 정답입니다.
미련은 남지 않으니까요.

"다들 헷갈리게 살다가 후회해요
지금 당장 기면 기구, 아니면 아닌 거예요
참구 사는 거, 웃기는 거예요
난, 지금 당장 미래보다 경이 씨가 더 좋아요
그래서 내가 나중에 후회해두
어쩔 수 없어요
지금 하구 싶은 거 하구
나중에 후회할래요."

– 드라마 '네 멋대로 해라' 중에서

지금은 자기 노출의 시대!
자기 잘난 점을 스스로 어필할 줄도 알아야 합니다.
그래야 더 많은 기회가 주어집니다.
자신감이 있으면 남의 눈치를 보지 않습니다.
외모도 경쟁력이에요. 자신을 가꾸고 꾸미세요.

입는 옷에 따라서
그 사람의 행동이 달라집니다.
타는 차에 따라서
그 사람의 당당함이 달라집니다.
누구와 함께 하느냐에 따라서
그 사람의 목소리가 달라집니다.

아무리 많은 책을 읽고 좋은 말을 들어도
인생이 바뀌지 않는 것은
행동이 바뀌지 않았기 때문입니다.

인생을 바꾸는 변화는 노력없이 생겨나지 않아요.
변화하고 싶다면 노력하세요.

우리는 저마다 삶의 지휘자입니다.
내가 어떻게 지휘를 하느냐에 따라 나의 인생이
즐거울 수도, 행복할 수도, 긴장감이 넘칠 수도 있습니다.

우리가 가진 수많은 악기를 조화롭게 연주해보세요.
그러기 위해서는 자신감이 필요하죠.
지치고 힘든 나 스스로에게 용기를 건네는 말을 해보세요.

거울 속 내 두 눈을 마주보며
"난 멋진 사람이야! 나는 할 수 있어!
내가 주인공이야!"라고 말해주세요.
하루의 한 걸음 한 걸음을
정말 멋있고 힘차게 만들어줄 것입니다.
그렇게 모인 자신감들이 삶을 지휘하는
'나' 자신을 만들어줄 거예요.

우리 모두는 마에스트로입니다!!
우리만의 멋진 무대를 기대합니다.

당신의 멋진 무대!
박수치며 응원하겠습니다.

"인생은 왜 꼬박꼬박 살아야 하지?
띄엄띄엄 살 수는 없을까?
한 일 년쯤 살다가 또 한 일 년쯤은 죽는 거야.
그러면 사는 게 재밌지 않을까?
아니면 한 일 년쯤은 다른 사람의 인생을 사는 거야.
어차피 우리는 비슷한 인생이잖아.
그런데 문제가 있어.
대부분의 사람들은 자기 인생은 열심히 살고
남의 인생은 개판으로 막 살겠지?
막상 자기 인생으로 돌아와 보면 너무 망가져 있을 거야.
그래서 남의 인생을 사는 데
사람들은 기꺼이 동의하겠지만
자기 인생을 남이 사는 거에는 동의하지 않을 거야."

– 영화 '버스 정류장' 중에서

우물에서 빠져 나오세요.
우물 안에서 이러쿵저러쿵 아무리 대화해도
우물 밖 세상을 제대로 알 수가 없습니다.
직접 우물 밖으로 나와 경험하고 느껴봐야 합니다.

힘든 오늘 하루도 지나갔다. 오늘도 잘 넘겼어.
이 또한 지나가리라...
사람들은 말하곤 해요.

하지만 하루는 지나가는 것이 아니라 쌓이는 것입니다.
하루하루 쌓여간다는 것 잊지 마세요!

내가 있는 곳에서 보면
여기가 전부인 것 같아도
조금만 벗어나 세상을 바라보면
세상의 아주 작은 일부임을 알 수 있어요.
세상은 넓어요.
보다 많은 것을 경험하세요.

몸을 움직이세요!

삶에 적용할 수 있는 정말 필요한 공부를 하세요.
살면서 한 번쯤은 내 모든 것을 걸고 승부해보세요.

할아버지가 서울대 석좌교수인 남자와
미팅을 한 김미경 원장은
동시대를 살아가는 사람들도
지적 수준과 문화적 · 경제적 양식에 있어
100년 이상 차이 나는 것에 큰 충격을 받고
세상을 다시 바라보게 되었다고 했습니다.

그 후 노력 끝에 성공했으니 그 격차는 절대불변은 아닌 것 같네요.

같은 시대를 살아도 사람의 일생이란
어떠한 사람을 만나고, 어느 공동체에 속하느냐에 따라
인생이 바뀐다 해도 과언이 아닌 것 같아요.

지금은 우리가 살아가게 될 삶에서 가장 어리고 젊은 나이예요.
선택은 우리의 몫입니다.
더 늦고 후회하기 전에 시작해보는 것이 어떨까요.

처음부터 완벽하려고 하니까
아무것도 시작할 수 없는 거예요.

"많은 사람들이 착각하는 게 있어.
두려움을 느끼지 않는 게 용기라고."

"용기... 그거 아닙니까?"

"아니... 두려움을 느끼지 않는 게 아니라
두려워도 계속하는 게 용기야."

– 드라마 '굿 닥터' 중에서

마음먹었거든 실행하세요.
준비나 자신감이 확실해지는 시점은
영원히 없다는 사실을 잊지 않기로 해요.
우리나라 최고의 두 기업.
삼성과 현대 창업자의 좌우명은

"행하는 자 이루고, 가는 자 닿는다."와
"이봐, 해보기나 했어?"라고 합니다.

모두 다 실행에 중점을 두었다는 사실을 잊지 마세요.

모든 걸 혼자 하려고 하지마세요.

전문가에게 위임하세요.

자신이 천재가 아니라면 천재의 능력을 사용하세요.

만약 당신이 천재인데 실행력이, 결단력이 부족하다면

추진력을 가진 사람과 함께하세요.

모든 걸 다 잘 할 필요는 없습니다.

그러기 위해 해당 분야의 전문가가 있는 겁니다.

전문가에게 위임했을 때

내가 생각지도 못한 아이디어

나보다 좋은 성과를 보고, 깨닫게 될 것입니다.

모든 걸 다 잘하려고 하지 마세요.

자신이 잘할 수 있는 일을 하세요.

삼류 리더는 자기의 능력을 사용하고
이류 리더는 남의 힘을 사용하며
일류 리더는 남의 지혜를 사용한다.

성공하는 데 가장 필요한 능력이 무엇이냐고 물어보면
머리가 좋아야 한다고 말하는 사람이 많아요.
하지만 성공하는 사람은
머리가 좋은 사람도, 힘이 센 사람도 아닌 것 같아요.
머리보다, 힘보다 더 중요한 것은

방향을 잡는 능력이 아닐까요?

가고자 하는 방향을 정확하게 파악하는 것!
바로 그것이 성공에 가장 필요한 능력일 겁니다.

"어차피 다 아는 내용이잖아!!"라고
말하는 사람들이 있어요.
그런데 아는 것을 실천하지 못하는 것은
모르는 것만 못한 거예요.
그렇기에 듣고 또 듣고 끊임없이 반복해야 합니다.
내 몸에 완전히 배게 해야 합니다.

제멋대로 한계를 정하고
꿈을 포기하는 겁쟁이는 되지 마세요.

밥을 굶는 한이 있더라도
배우는 데에는 돈을 아끼지 마세요.

내가 포기했던 것들을 생각해보세요.
정말 불가능했던 것인지?
불가능하다고 생각하고 포기한 것인지?

사람들은
스스로가
한계를 정해요.

많은 사람들이 지출을 줄이는데 중점을 둬요.
하지만 지출을 줄이는 데는 한계가 있습니다.

질문을 바꾸어보세요.
'어떻게 하면 아낄 수 있을까?' 가 아니라
'어떻게 하면 더 벌 수 있을까?' 이렇게 말이죠.
문제를 뒤집어보고, 바꾸어보고, 질문을 하다보면
내가 생각하지 못한 또 다른 해결책이 생깁니다.
질문을 바꾸어보는 것만으로도 내 인생에 큰 변화를 불러올 수 있습니다.

억울하지 않으세요?
당신의 한 달 월급이
누군가의 하루 일한 돈보다 적다는 것이?
돈이 인생의 전부는 아니라고 하지만
많이 있다고 나쁠 것은 하나도 없습니다.

세상에서 가장 공평한 것은
누구에게나 24시간이 똑같이 주어진다는 거죠.
같은 시대, 같은 24시간을 살아가고 있다면
나라고 못 할 건 무엇인가요?
행복도 좋지만 때로는 돈도 욕심내세요.

각 계층, 분야별 성공하신 분들 만나 보니
"와~ 넘사벽이다."
이런 사람 없어요.
그냥 아빠, 엄마 같고 삼촌, 이모 같은
우리가 일상 속에서 만나는 그냥 똑같은 사람들이에요.

조금 특별한 점을 굳이 찾으라면
자기 확신과 우직함을 가지고 살아간다는 것
나이가 들어도 책 읽기를 멈추지 않는다는 것뿐이더군요.

그런 부차적인 것들은 노력으로 습관이 되면
충분히 바뀔 수 있는 요소일 겁니다.
시작하기 전부터 쫄지 마세요.
우리도 성공할 수 있습니다.

각 시대마다 누군가는
주어진 환경에 만족하지 않고 도전하여 새로운 시대를 열었고
현재에 만족하지 않고 또 다른 것을 추구했어요.

모두가 긍정적으로 살았다면
우리는 지금의 발전을 이루지 못했을 거예요.

사람들은 부정이라는 단어를 기피해요.

부정의 힘은 무슨 일이든 안 좋게 생각하는 것이 아니라
현재의 환경을 수긍함과 동시에
환경에 대해 부정적인 사고로 다가가는 것을 말하는 거예요.

무조건적인 긍정은 인간에게
생각의 틀 속에 가두는 환각제에 불과해요.

한 번 더 의심해보고 따져본다고 해서
손해 볼 일은 없지 않을까요?

여기서 말하는 '부정'의 의미를 잘 생각해주세요.

저도 학창시절에 공부를 잘 못하고 대학을 가지 못해서
학벌 위주인 이 사회에 불만이 없는 것은 아니지만
사람들이 학벌을 보는 이유는
그 사람의 됨됨이를 보기 위함도 있습니다.

학생의 본분이 뭡니까? 공부잖아요?
그런데 본분에 충실하지 않았던 사람이
사회에 나와서 열심히 사는 모습을 믿고
기회를 달라고 한다면
그 사람의 무엇을 보고 믿고 기회를 주어야 할까요?

입장을 바꿔서 당신이 한 회사의 사장님이라면
본분에 충실했던 사람을 채용하시겠습니까?
그렇지 않은 사람을 채용하시겠습니까?

"하면 된당"가 아니라 "되면 한당"로
순서가 바뀐 비겁해진 사람들…

우리는 처음부터 실패를 생각하고
변명을 준비하며 출구를 만들어놓아요.
때로는 비상구 만들지 말고
"이거 아니면 나 죽는다!"고 밀어붙이는 것도 필요해요.

우리, 살면서 한 번쯤은 내 모든 걸 걸고
내 인생에 승부수를 던져보기로 해요!

이성을 보고 두근두근
시험을 볼 때 두근두근
사람들 앞에 섰을 때 두근두근

이 세상 모든 두근거림은
기회가 왔다는 신호입니다.

사막에서 사람이 쓰러져 죽는 이유는 다양하겠지요.
더위나 갈증 때문이기도 하지만
심리적인 이유도 있답니다.
'조바심'이 바로 그 이유 중 하나라고 하네요.

사회 생활도 사막과 같나봐요.
앞서 있으면 따라잡힐까봐 걱정하고
뒤쳐져 있으면 따라잡으려고 애쓰고
앞서 있을 때나 뒤쳐져 있을 때나
타인과 경쟁하기에 바빠요.

인생은 남과 비교하는 것이 아니라
어제의 나와 비교하는 것입니다.
인생에서 중요한 것은
속도가 아니라 방향입니다.

지나간 시간에 대한 후회는 시간 낭비에요.
지금 당장 공부하고
지금 하고 싶은 걸 해보도록 노력하세요.
몇 년 후, '그 때 시작했더라면' 하며
지금 이 시간을 후회하지 마시고요.
몇 년 후, 사람들이 지나간 시간에 대해 후회하고 있을 때
나는 당당히 이렇게 말할 수 있으면 좋겠습니다.

"그때 시작하길 정말 잘했어!!"

인생을 마라톤에 비유하지만
경쟁자가 있는 마라톤 경주는 아닙니다.
나만의 마라톤 코스가 있는 것입니다.

내 옆을 앞질러 지나가는 사람들
나와 그들의 마라톤 코스는
결승점이 다 다르기 때문에
비교하지 않아도 됩니다.

죽음 앞에서는 모든 것이 부질없는 것인데

남의 시선을 의식하면서

'남들이 날 어떻게 생각할까?'라고 걱정하며

내가 하고 싶은 일을 애써 참고...

가식적이게 행동하며 한평생 살다가는 것은 좀 그렇잖아?

손가락질 받는다 한들, 그게 뭐 그리 큰 대수냐?

묘지에 "착하게 살다 갔다." 그 말이 더 웃기다!

인생에 후회는 남겨도,

절대로 미련은 남기지 말자!

뛰어난 재능을 가진 사람들을 보고 천재라고 합니다.
그렇다면 평범하게 태어난 사람은
천재가 될 수 없는 걸까요?
있습니다.
노력의 천재가 되면 됩니다!!

쉬워 보이는 일도 막상 해보면 어렵고
어려울 것 같은 일도 막상 해 보면 해볼 만해요.
준비가 완벽해지는 시기란 없으므로
무엇을 알고 싶다면 일단 시작해보세요.

의견을 존중하는 것도 옳아요.
그러나 모든 이들의 의견을 존중하려다 보면
결단력이 떨어질 때가 많이 있어요.
때론 스스로의 직관을 믿고 일을 추진하는 능력도 필요해요.

자주 쓰이는 말이 있어요.
핑계 대지 말라고!
너의 꿈을 이루고 싶은 '간절함' 이 부족해서
못하는 거라는 말을 자주 듣곤 합니다
하지만 이 간절함을 유지하면서
살아갈 수 있는 사람은 많지 않다고 생각해요.

그렇다면 어떤 방법이 있을까요?
꿈은 이루고 싶은데 나의 간절함만으론 부족하다면
어쩔 수 없이 할 수 밖에 없는
주변 환경을 만들어보는 거예요.
영어회화를 잘하고 싶은데
국내에서 잘할 수 없다면
영어만을 사용할 수밖에 없는 곳으로 떠나는 거죠.
간절함이 부족하다면
간절할 수밖에 없는 무대 위에 나를 올려놓는 거예요.

벼랑 끝으로 스스로를 내몰아보세요.
어쩔 수 없이 할 수밖에 없을 테니까요.
이것도 하나의 좋은 방법이라고 생각해봅니다.

마음을 비우고, 생각을 비워보세요.
너무 창의적인 것만을 생각하다 보면
정작 중요한 기본기를 놓칠 수 있으니까요.

열심히 하는 것도 중요하지만
무엇을 열심히 하느냐가 더 중요합니다.

자기 분야의 일이 즐겁다는 사람들이 있습니다.
즐겁다는 말은 힘들지 않다는 것이 아니라
힘든 데도 불구하고
하고 싶은 일을 즐겁게 한다는 말인 것 같네요.

사람들은 스스로를 과소평가해요.
하지만 우리의 가치는 정해져 있지 않습니다.
당신의 가능성은 무한합니다.
자신의 가능성을 믿으세요.

자신의 가능성은 무한합니다.
당신의 가능성을 믿으세요

우리는 새로운 걱정거리를 만드는데
너무나 많은 시간을 낭비합니다.

열정을 가지고 도전해야 할 때에도
쉽게 용기를 잃고 포기해버리는 경우가 있는 것 같아요.
들뜬 마음에 뭐든 할 수 있을 것만 같지만
계속되는 실패와 사람들의 외면에 낙심하고
'성공하는 사람들은 나와는 다르다' 생각하며
결국 포기를 선택하죠.

의지가 약하고 포기가 빠르다면
함께 할 사람들을 찾아보세요.
함께하면 더 멀리 갈 수 있습니다.

특별한 일이 생기는 법은 사실 간단해요.
내가 먼저 움직이고 다가가는 것입니다.

조금 더 기다렸다가 해야지
이거 생기면 해야지
내일 해야지.

이것만 있으면 할 수 있을 텐데...
저것만 있으면 할 수 있을 텐데...

생각이 너무 많으면
실행을 할 수 없습니다.

물론 이것저것 비교해가면서
실패의 요인을 생각하고
실패를 피할 수 있으면 좋겠지만
실패의 요인만 찾다가는
결국 안 되는 이유만 생각나
시작도 못하고 포기해버리는 경우가 많습니다.

실패한 사람들을 보며 비웃고 있으신가요?
'다행이다' 라고 생각하고 있으신가요?

그들은 실패를 통해 배웠으므로
같은 실수를 반복하지는 않을 겁니다.

하지만 시작조차 하지 않는 사람이라면
실패도 성공도 없겠지요.

시도하지 않으면 실패하지 않겠지만
성공률을 0%입니다.
실패한 삶보다 더 못한 삶이
시작조차 하지 않는 삶입니다.

배는 항구에 있을 때 안전하지만
그것이 배의 존재 이유는 아닙니다.

당신의 존재 이유는 무엇입니까?

어쩌면 우리는 처음부터 완벽함을 원하는 것 같아요.
누구나 완벽해지고 싶고
누구나 성공한 멋진 모습을 보이기를 원해요.
하지만 성공한 사람들이 그것을 얻기까지
숱하게 범한 실수는 잊어버리고 있는 것 같아요.

세상의 중심은 나잖아요.
나를 기준으로 돌아가잖아요.
내가 주인공이잖아요.
주인공은 뭐든 할 수 있습니다.

"보라구. 이게 바로 너와 나의 차이점이야.
난 나의 운명을 절대 남의 손에 맡기지 않아.
그게 내가 항상 승리하는 이유이고
니가 항상 패배하는 이유이지."

– 드라마 '가십걸' 중에서

이유 없이 '그냥' 우울한 날이 있다

철저히 혼자가 될 때가 있다.
친구도 필요 없고, 애인도 필요 없고
하늘 아래 나 혼자인 것처럼 철저히 외로울 때가 있다.
마치 나 혼자서만 세상의 소리를
듣지 못하는 것처럼 깜깜한 밤.
누군가의 손에 눈이 가려져 아무것도 보지 못하는 것처럼
철저히 혼자가 될 때가 있다.

– 드라마 '그들이 사는 세상' 중에서

정말로 사랑한다면
있는 그대로의 모습을 사랑하고 아껴주는 것이지
내가 원하는 대로 바꾸려 하지 않습니다.
있는 그대로의 모습을 사랑하고, 아껴주고, 이해해주세요.

하지만, 어쩐지 우리는
사랑을 할 때에도
사랑에 법을 만들어 따지고 있네요.

별을 더욱 빛나게 하는 검은 하늘
누군가의 배경이 되어주는 일
검은 하늘이 없었다면
별은 빛을 바라지 못했다는 사실을 잊지 마세요.
당신이 빛을 발하고 있다면
별을 빛날 수 있게 배경이 되어 준
검은 하늘의 소중함을 기억하세요.
당신 스스로 빛을 발한 것이 아니니까요.

당신이 빛을 발하고 있다면, 별을 빛날 수 있게
배경이 되어 준 검은 하늘의 소중함을 기억하세요.

시련과 고통을 이겨낼 수 있는 힘
극한의 자기 단련을 할 수 있는 힘
나의 한계를 뛰어넘을 수 있는 힘
그 힘은
자신만을 위해 사는 사람은
절대로 얻을 수 없어요.

누군가를 좋아하는 것은
절대로 부끄러운 일이 아니에요.
내 마음에 솔직하지 못한 것이
정말로 부끄러운 일이에요.
바보같이 내 마음의 자유까지 구속하지 마세요.
솔직히 과거 신경 안 쓴다면 거짓말이지요.
안 쓰려고 노력하는 거예요.
과거만을 말하고 불평하는 사람은
미래를 만들어갈 수 없는 사람이에요.
이별하고 뒤늦은 후회하지 마시고
곁에 있을 때 더 사랑하고 아껴주세요.

사랑 앞에서 우리는
상처주고, 상처 받을까봐
거리를 두고 다가서기를 두려워한다.
마음과는 다르게.

사랑은 눈으로 보는 게 아니라 마음으로 보는 건데
외적인 모습(조건)으로만 사랑을 찾고 있으니
당연히 사랑을 할 수 없죠.
조건과 사랑을 혼동하지 마세요.
마음으로 사랑을 하세요.

남자친구는 당신을 믿지 못하는 것이 아니라
당신 곁으로 다가오는
늑대 같은 남자들을 믿지 못하는 것입니다.
구속한다고, 의심한다고 너무 서운해하지 마세요.
당신은 그만큼 매력적이고 사랑스러우니까요.

'밀당'은 균형을 맞추기 위한 것이지
누군가 우위에 서기 위한 것이 아닙니다.

조건과 사랑을 혼동하지 마세요

마음으로 사랑을 하세요

마음이 가는대로

가슴이 시키는 사랑을 하세요

행복한 순간이면 잡아요

후회하지 말고.

곱하기(×) 같은 사람이 되세요.
혼자서도 빛을 발하지만
다른 사람과 함께하면 할수록
모두의 가치를 더 크게 만들어주는
곱하기(×) 같은 사람이 되세요.

사람들은 종종 착각하곤 해요.
누군가 먼저 고개 숙이고 다가오면
내가 저 사람보다 위라고 말이에요.

"사람 위에 사람 없습니다."

친구를 사귀거나 이성을 만날 때
그 밖에 모든 사람들을 만날 때에는
직접 상대를 알아가세요.
소문과 험담을 듣고 섣불리 판단하지 마세요.

나는 나를 '동그라미' 라고 생각해도
주변 사람들이 계속 나를 '네모' 로 느낀다면
정말로 나에게 각진 모습이 있을 수 있어요.
내 문제에 스스로 익숙해져서
자신만 느끼지 못하고 있을 뿐.
남들이 나를 자꾸 오해한다면
한 번쯤 객관적으로 나 자신을 둘러보세요.

좋은 말과 칭찬은 널리 퍼뜨리고
남을 비난하고 욕하는 말은 줄여야 합니다.
설사 누군가가 정말 잘못된 행동을 했더라도
꼭 말해야 할 상황이 아니라면 침묵으로 묵인해주세요.

좋은 관계를 위해 무엇보다 중요한 것은
상대에 대한 기대치를 낮추는 일입니다.
높은 기대는 반드시 실망을 낳으니까요.

남들 앞에서 청산유수로 자기소개를 하는 것보다
자리에 없는 다른 사람에 대해
어떻게 말을 하고 있는지 지켜보면
그 사람에 대해 더 많은 것을 알 수 있습니다.

사람을 만날 때 장점부터 보려고 노력해 보세요.
사람 사귀기가 한결 더 수월해질 것입니다.

사소한 행동과 약속들을 신경 쓰려고 노력해 보세요.
그 사소한 행동과 약속이 하나둘씩 모여
당신과 함께 걷는 사람들이 많아질 것입니다.

모든 이들이 사람의 중요성에 관해 말을 합니다.
죽네 사네 서로가 영원할 것처럼 말이죠.
하지만 신뢰는 말로 쌓는 것이 아니에요.
행동으로 쌓는 겁니다.

겉모습만 보고 사람을 판단하면 절대로 안 되지만
겉모습을 가꾸어야 내면도 보여줄 수 있는
기회가 생기는 것은 사실입니다.

나이가 들어갈수록 사람을 만날 때
이 사람이 나에게 도움이 될까?
계산을 하게 되는 것 같아요.

대화할 때 종종 우리는
자신을 포장하고 꾸미는 것에 중점을 둬요.
그러나 이렇게 맺어진 관계는 금방 허물어집니다.
내 속마음을 드러내고
있는 그대로의 자기 모습을 보여주는 것만이
좋은 관계를 오래 가게 하는 지름길입니다.

별 뜻 없이 가볍게 던진 말이지만
듣는 사람 입장에서는
평생 잊지 못할 상처로 남을지 모릅니다.

누군가 혹은 어떤 일이 마음에 들지 않을 때는
생각을 멈추고 객관적으로 상황을 바라보세요.

도전

그동안 흘린 땀과 노력이 아까워서
다른 길로 가지 못하고
계속 짊어지고 살아가는 사람들이 있다.
그 동안의 흘린 땀과 노력은
새로운 길로 가기 위한
땀과 노력이었다는 사실도 잊지 말자.

당신이 하고 싶은 일은 무엇인가?
좋아하지 않는 일이라면 당장 그만둬라.
어차피 잘하지 못할 테니.
지금 하는 일을 평생 할 필요는 없다.
좋아하지 않는다면 어차피 성공하지 못할 것이니 말이다.

- 리 아이아코카 Lee Iacocca

변화

어떤이는
변화를 두려워한다는 사실을 인정하고 싶지 않아 한다.
또, 변화가 낯설다는 이유로 변화 자체를 거부한다.

변화가 필요함에도 불구하고 위험하다는 핑계를 대며
변화의 마지막 순간까지도 받아들이려 하지 않는다.
그리고 어쩔 수 없이 변화를 받아들이고 나면
'왜 좀 더 일찍 자리를 박차고 변화하지 못했을까?'라는
후회를 마음속에 품고 살게 된다.

변화하기를 두려워하지 말자.

시간이 모든 것을 해결해 준다는 말이 있지만
실제로 일을 변화시켜야 하는 것은 바로 당신이다.

– 존 머피John Murphy

인생

인생에 규칙은 없다.

이룰 수 있는 것에 어떤 한계도 두지 마라.

– 클래런스 오티스Clarence Otis

용기

새로운 삶을 위해선 잠시 손해를 보더라도
멈추는 용기가 필요하다.

지금부터 20년 후에 당신은 자신이 한 일보다
하지 않았던 일로 인해서 실망하게 되는 일이 더 많을 것이다.
그러므로 돛을 올리고 안전한 항구를 떠나 항해를 시작하라.
무역풍을 타라. 모험을 감행하라.

– 마크 트웨인 Mark Twein

책임

가슴이 시키는 일은 하고 살자.
그러나 책임은 스스로의 것임을 기억하자.

별로 의미가 없는 일이나 관심도 없는 일을 하기에
인생은 너무 짧다.

– 세스 골드만Seth Goldman

기회

직구보다 변화구에서
왜 많은 홈런이 나오는 줄 아는가?
치기는 더 어렵지만 일단 치기만 한다면
더 많은 회전이 담긴 변화구가 되기 때문이다.
지금 내 앞에 힘들고 어려운 변화구가
많이 날아오고 있다면
당신은 홈런 칠 수 있는 더 많은 기회를 얻은 것이다.
축하한다.

약속된 내일은 없다.
그러므로 당신이 사랑하는 사람들을 위해 시간을 내라.
언제나 도움의 손길을 내밀어라.
그리고 옳은 것을 위해 행동해야 할 날이 온다면, 꼭 행동하라.

– 마리 스미스 Marie Smith

내 인생을 바꾼 20초의 용기

김윤규 회장님의 강연회에 참석 했을 때 일이다. 현대그룹의 창업자인 고 정주영 회장님과 같이 사업의 시발점을 마련한 살아있는 현대의 전설이자, 정주영 회장님의 양아들이라 불리면서 가장 오랜 시간을 함께 보낸 분이다. 정주영 회장님의 일화는 익히 방송과 책을 통해서 많이 보고 들은 바 있으나, 전장을 같이 누비던 장수에게서 듣는 이야기는 마음에 와 닿음이 책에서 보던 것과는 차원이 달랐다.

경부 고속도로, 해외 건설시장 개척, 조선소 건설, 간척사업 등 이야기를 들을 때마다 심장이 두근거리며 가슴이 벅차올랐다. 김윤규 회장님은 강의 중에 정주영 회장님의 성대모사를 하며 "해보기나 해봤어? 시련은 있어도 실패는 없다. 안 된다고 생각하니까 안 되는 거야, 이 빈대만도 못한 사람들아."라는 말을 욕과 섞어 실감나게 하셨다. 어렸을 적부터 나는 사업가를 꿈꿔왔다. 그런 나의 롤모델은 늘 정주영 회장님이었다. 함께 걸어온 사람에게서 그의 이야기와 일대기를 듣고 있으니 시간 가는 줄 몰랐다. 김윤규 회장님도 오랜만의 회고에 열정이 넘치셨는지 2시간의 강의 시간을 훌쩍 넘겨버리셨다. 주최 측의 행사 일정 때문에 더 이상의 강의 시간은 주어질 수 없는 상황이었다. 김윤규 회장님은 아직 못다 한 말들이 많음에 아쉬움을 토하며 강단에서 내려오셔야만 했다.

그렇게 강연은 끝났고 김윤규 회장님이 비서와 경호원들에 둘러싸여 강연장에서 빠져나가고 있었다. 맨 앞자리에 있던 나는 열정을 주체하지 못하고 사고를 쳤다. 경호원 사이를 뚫고 들어가 김윤규 회장님께 "사업가를 꿈꾸는 신준모입니다. 회장님이 못 다한 이야기들을 꼭 듣고 싶습니다. 꼭 연락주세요. 감사합니다." 하며 내 명함을 건넨 것이다.

지금 생각해도 어디서 그런 용기가 나왔는지 알 수가 없다. 김윤규 회장님도 당황하셨는지 아무 말 없이 명함만 받아 주셨다. 떨림이 가시지 않은 채 뒤돌아서서 내 자리로 돌아가는데, 10초 정도 지났을까? 누군가가 뛰어와 내 어깨를 붙잡으며 나를 세웠다. 김윤규 회장님이셨다.

"야! 네가 연락해!"
회장님이 내 손에 명함을 쥐어 주셨다.

가슴에
냉정과 열정을
품어야 하는 계절

여름
Summer

야구에서 3할 타자는
타율이 높은 선수입니다.
달리 말하면
10번 중 약 7번 공을 놓치는 사람이란 뜻이죠.

너무 완벽하려고 하지 마세요.
날아오는 공 열개를
모두 칠 순 없을 테니까요.

오늘은 사람 냄새 나게
멋지게 헛스윙도 날리고, 아웃도 되며
실수도 실패도 해보세요.

너무 완벽한 모습보다
가끔 실수도 하는 사람이
인간미 넘치는 법이죠.
그러니 실수도 좀 하면서 사람 냄새 풍기며 살아요, 우리.

문제가 계속해서 풀리지 않고 제자리걸음만 하고 있다면
문제를 해결의 출발점을 되짚어볼 필요가 있어요.

무슨 메뉴를 고를까?
영화가 재미없으면 어떡하지?
무슨 생각을 하고 있을까?
지루해하거나 귀찮아하진 않을까?
생각이 없는 것도 문제겠지만
지나치게 생각이 많은 것은 더 큰 문제입니다.

우리의 가장 큰 문제는
고민에 쓸데없는 생각들을 첨가하여
고민에 대한 문제를 부풀린다는 것입니다.
많은 생각은 더 많은 고민을 낳습니다.
오버씽킹over-thinking 하지 마세요.

색안경을 끼고 사람들을 바라본다면
많은 사람들이 상처 받고 마음 아파할 거예요.

세상은 불공평하고
인생은 내 뜻대로 되지 않으며
사람들은 내 맘 같지 않습니다.

내가 이만큼이나 해서 힘들다거나
내가 이만큼 해도 힘들지 않다고 해서
다른 사람들도 당연히
나와 똑같이 느낄 거라 생각하지는 마세요.
사람마다 느끼는 감정, 고통, 행복, 만족 등의
한계점이 모두 다 다르니까요.

서로 다를 수 있음을 인정하세요.

화내는 기분도
화내는 감정도 알지만
받아들이는 상대도
지켜보는 주위 사람들도
기분이 있고 감정이 있습니다.

화를 자주 내시는 분들!
이것 하나만은 알아주세요.
상대가 정말로 잘못해서
아무 말도 안하는 사람도 있겠지만
더 이상의 싸움을 피하기 위해
감정을 억누르며 참아주는 사람들 또한 있다는 사실을요.

조금 손해 본다고 생각하면서 살면
화병으로 고생할 일은 없을 것 같네요.
마음 편한 것만큼 좋은 것도 없으니까요.
둥글게 둥글게 웃으면서 마음 편히 살아요, 우리.

손뼉도 둘이 마주쳐야 소리가 나듯
한 사람의 잘못만으로는
둘 사이가 절대로 나빠지지 않습니다.
'어찌되었건' 둘이 마주쳤기에 소리가 나는 것입니다.

성실하게 열심히 일하는 사람들도 있는데
무리에서 몇몇이 잘못을 했다고 하여
무리를 싸잡아서 손가락질하고
욕하는 것은 잘못된 행동입니다.

사람이 하는 모든 일엔 저마다의 사정이 있습니다.
이유도 모른 채 어림잡아 사람을 함부로 판단하지 마세요.
분명 그에게도 내가 모르는 이유와 사정이 있습니다.
나와 잘 맞는 사람은 있어도 딱 맞는 사람은 없어요.

관계는 퍼즐 맞추기가 아닙니다.
맞지 않는 부분은 믿음과 이해로 채워나가세요.

나에 대한 오해와 루머, 과장된 수많은 말들
일일이 변명하고 보여줘도
오히려 오해의 소지만 더 늘어날 뿐
끝이 없는 경우가 더 많아요.

사람들이 나에 대해 오해를 하고 있다면
마음 쓰지 마세요.
나만 변하지 않는다면 알아서 제자리를 찾아갑니다.

다른 사람에게 반듯하게 보이는 데 에너지를 낭비하지 마세요.
반듯하게 보이는 게
나의 목표는 아니잖아요?

사람들은 누구나 이중적인 감정
즉, 두 얼굴을 가지고 살아갑니다.

남을 만족시키기 위해 스스로를 희생하지 마세요.
나 자신을 만족시키는 삶을 살아야죠.

부탁을 거절할 줄 알아야 해요.
나 자신을 곤란하게 만들 부탁인 걸 알면서
거절하지 못하는 것은 착해서가 아닙니다.
나를 위해 거절할 줄 알아야 하고
나를 위해 때론 이기적인 모습도 필요할 때가 있어요.

없는 것을 만들 필요도
있는 것을 숨길 필요도 없습니다.
있는 그대로의 솔직한 모습을 보여주세요.

모르면 물으면 되고
하다보면 배우게 되는걸요.
그 과정이 어렵다면 어려운 대로
조금 더 고생을 하면 되는 거 아닌가요?
처음부터 모든 것을 알고
시작하는 사람이 어디 있겠어요?

같은 실수는 두려워하되
새로운 실수를 두려워하지 말자고요.
실수는 다르게 말하면 경험이니까요.

때로는 단점으로 알았던 부분이 장점이 되기도 하고
장점으로 알았던 부분이 단점이 되기도 하네요.
모두가 저마다의 장단점을 가지고 있기는 하지만
그것을 바라보는 관점과 상황에 따라서
얼마든지 장점과 단점이 달라질 수 있네요.

세상을 살다 보면
분명히 억울하고 아픈 경험도 하게 돼요.

상황이 좋지 않을 때
약해 보일까봐 걱정할까봐
실제로 힘들면서
"난 괜찮아! 걱정하지 마! 아무 일 없어!" 라고 말해요.

그래서 때로는
아무도 모르게 혼자 눈물을 흘리기도
아무도 모르게 눈물을 훔치기도 해요.

—공형진 말 인용—

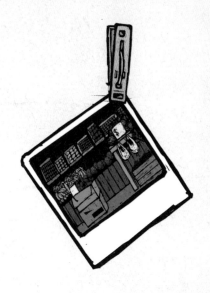

줄리   요리가 왜 좋은지 알아?

남편   왜 좋은데?

줄리   회사에서 난 확실한 것이 전혀 없는 하루를 보냈어.

그야말로 '전혀' 없었는데 집에 오면 확실히 알 수 있거든.

달걀노른자와 초콜릿, 설탕, 우유를 섞으면 걸쭉해질 거라는 걸.

그게 위안이 돼.

남편   당신... 오늘 힘들었구나?

– 영화 '줄리 앤 줄리아' 중에서

쉬는 시간, 퇴근 시간

1~2분 늦어지면 온갖 죽을상 지어가며
불평불만 다 늘어놓으면서
일하는 시간에 핸드폰 만지고 인터넷 검색하며
사적인 시간 보내는 건 뭐라고 설명해야 할까?

떠나고 싶다고 왜 꿈만 꾸고 있는가?

있으면 있는 대로, 없으면 없는 대로
한 번은 떠나야 한다.
여행은 돌아와 일상 속에서
더 잘 살기 위한 풍요로운 사치다.

이왕떠날 궁상
센터에서 화려하게 떠날자!

그렇다고 미리 겁낼 필요는 없잖아.

잠시 쉬었다가 가세요.
준비운동도 하고 호흡도 거르고
나를 응원하는 관객도 보고
주변경치도 살피면서.

잠시 쉬었다가 가세요.
내 옆 사람이, 내 주변사람이 급하게 빨리 간다고
조급해 하지마세요.

나만의 페이스를 유지하세요.

김연아!
우린 그녀의 숨은 땀과 노력은 보려 하지 않고
화려한 결과만을 보고 부러워하고 있네요.
그녀의 빛나는 모습 뒤엔
남모를 숨은 땀과 노력이 숨겨져 있는데 말이죠.
우리가 정말 부러워하고, 보고, 배워야할 모습은
그녀의 꿈을 향한 숨겨진 땀과 피나는 노력입니다.

나의 꿈이 빛을 발할 그날을 위하여
땀 흘리고 노력해 보자구요.

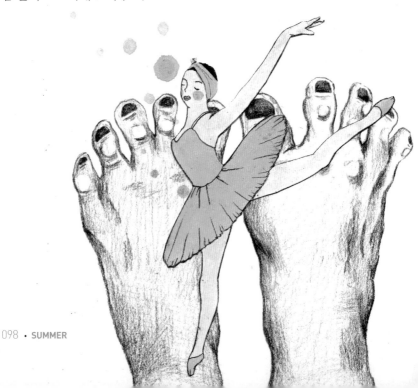

TV 속 드라마, 영화에 속고
TV 속 화려하고 커다란 성공, 큰 행복에 속아
눈앞의 진정한 성공과 행복은 보지 못했나 봅니다.

남들이 한다고 따라하지 마세요.
남들도 어리석을 수 있어요.
바보마을에서는 멀쩡한 사람이 바보가 됩니다.

성공한 사람이 하는 말이니까
유명한 사람이 하는 말이니까
나보다 더 많이 배운 사람의 말이니까
그냥 받아들이지 마시고
의심하고 따져보세요.
정말 그들의 말이 나에게도 정답인지 말이에요.
남의 것을 참고하는 건 좋지만
그것은 모방이 아니라
벤치마킹이어야 합니다.

쇠뿔도 단김에 빼라!
쇠도 뜨거울 때 두들긴다고
내 열정이, 내 꿈이 뜨거울 때 힘껏 두들겨
나에게 필요한 무기를 만들어보세요.
꿈의 명인 대장장이가 되세요.

강철은 두드릴수록 단단해 진다잖아요.
사람도 마찬가지입니다.
나를 두드리는 수많은 고통을 견뎌내야
비로소 강해지고 단단해 집니다.

인디언들의 기우제는 실패한 적이 없다고 합니다.
비가 올 때까지 기우제를 지내기 때문이죠!

될 때까지 해보기로 해요.
하면 된다잖아요!!!

"사람의 가슴에는
쉼 없이 펌프질을 해대는 뜨거운 심장이,
온몸 구석구석에는 뜨거운 피가 흐른다.
심장이 멎고 피가 차가워지면 사람은 죽는다.
사람의 피가 36.5도인 이유는
적어도 그만큼은 뜨거워야하기 때문이다."

– 드라마 '외과의사 봉달희' 중에서

놀 때는 잡념을 버리고 노는 것에만 집중하세요.
충분한 휴식은 더 좋은 효과를 나에게 가져다줄 테니까요.

놀 땐 놀고, 공부할 땐 공부하면 좋겠지만
사람 마음이란 게 어디 그렇게 쉽게 되나요?
이도저도 안되고 어중간할 거라면 차라리
확실하게 놀든가! 확실하게 공부를 하세요!
기회는 어디에도 있습니다.

쉬는 날이 길어지면 다시 시작하기가 더 힘들어져요.
휴식도 좋지만 너무 긴 휴식은 오히려 독이 되기도 합니다.

움직이세요! 새로운 변화에 계속 도전하세요!

고인 물은 썩기 마련입니다.

사랑은 낚시 같다고 할까요?
입질이 온다고
물고기가 잡히는 것은 아니에요.

물고기가 미끼를 덥석 물거나
입질이 올 때 낚시꾼이 힘껏 낚아채야 잡혀요.
어느 한쪽이 먼저 강하게 행동을 취해야 하는 것이죠.

마음에 드는 상대가 있다면 덥석 물어보거나
힘껏 낚아채보는 것은 어떨까요?
사랑의 물고기 혹은
사랑의 낚시꾼이 되어 보는 것은 어떨까요?

친구들에게 초점을 맞추면 여자 친구가 서운해하고
여자 친구에게 초점을 맞추면 일이 소홀해져요.
모든 사람들에게 초점을 맞추면 나에게 소홀해지고요.
서로 조금 이해하고, 양보하고, 배려하는 수밖에 없어요.

가족, 친구, 연인과 다툼이 있을 때
상대가 화낸다고 덩달아 같이 화내지 마세요.
화를 참으면 피해를 본다고 생각하지만
시간이 지난 후 돌이켜보면
결국 당신이 옳았다는 것을 알게 될 거예요.
화난다고 함부로 말 하거나 응대하는 것보다
한 번 더 생각하고 화를 조금 삭인 뒤에
말해보세요.

아! 그때 그 말, 그 문자하지 않았던 것이
참 잘했구나 싶을 거예요.

사람의 마음은 간사해서
수많은 좋았던 기억들보다
단 한 번의 서운함에 오해하고
실망하며 틀어지는 경우가 참 많아요.
서운함보다 함께한 좋은 기억을
먼저 떠올릴줄 아는 현명한 사람이 되세요.

상대를 배려해서 손해 볼 게 없다면
배려해주는 편이 더 옳다고 생각합니다.

때로 우리는 상대의 생각을
내 맘대로, 내 멋대로 단정 지으며
상처주고 상처받은 것은 아닌지
생각해 보고 반성할 필요가 있습니다.
사소한 오해에서 비롯된 잘못된 생각 때문에
정말 좋은 친구를 잃을 수도 있습니다.

내가 아프다고 해서 상대를 아프게 만들 필요는 없습니다.
복수라는 이름으로 통쾌해하지 마세요.
악순환의 시작, 반복되는 앙갚음의 시작일 뿐이니까요.
그 연결고리를 스스로 먼저 끊어보세요.

운명은 지랄 맞다.
운명은 지독하다.
그리고 운명은 힘이 세다.

운명은 우릴 딜레마에 빠뜨리기도 하고
아무것도 할 수 없는 궁지로 쳐 넣기도 하며
끝끝내 우리의 간절한 기도 따위
가볍게 무시하기도 한다.

운명이 지독하고 힘이 센 또 다른 이유
예측할 수 없는 타이밍이다.
이렇게 운명은 잔인하다.
운명은 벼랑 끝으로 나를 내몰아
옴짝달싹 못하게 만들고
결국은 내게 공을 넘겨버린다.

운명은 결국 선택하는 것이다.
이제 내가 선택해야만 한다.

– 드라마 '응답하라 1994' 중에서

내 친구 남자친구는 이랬는데...
내 친구 여자친구는 이랬는데...
남들과 비교하지 마세요.
사랑도, 사람도, 삶도
비교하는 순간부터 불행해집니다.

남자가 돈이 많은가 봐~
여자가 돈보고 만나네~
아니에요. 그게 아니라고요!
사람 좋아서 만나는 거예요.
그들도 사랑이라고요.

당신이 나를 이만큼
사랑하니까
나도 꼭 그만큼 사랑하겠다.
말한다면
그것은 거래입니다.
사랑 앞에선 계산하거나
따지지 마시고
서로 더 많이 아껴주고
사랑해주세요.

단 하루를 살아도 당신을 사랑했다면
그 하루는 정말 값진 거야.
5분을 더 살든, 50년을 더 살든 그건 중요하지 않아.
오늘 네가 아니었다면 난 평생 사랑을 몰랐을 거야.
사랑하는 법을 알게 해줘서 고마워. 또 사랑 받는 법도.

– 영화 '이프 온리' 중에서

지나간 일로 사람에 대한 미움과 복수심으로
스스로 목을 조르는 것보다
성장하고 도전해 뜻한 것을 이루세요.
멋지게 명함 한 장 건네고 돌아설 그 날을 위해!
그리고 내 인생 최고의 복수를 준비하세요.

엄마 혜성아, 니 그거 아나. 눈에는 눈, 이에는 이
그 법대로 살다가는 이 세상 사람 다 장님이 될 끼다.

장혜성 뭐야 뜬금없이.

엄마 니한테 못하게 하는 사람들 니들 질투해서 그러는 기다.
니가 하도 잘나가 부러워서 그러는 기다.
그런 사람들 미워하지 말고 어여삐 여기고
가엽게 여겨라 알았나?

장혜성 또다 또 엄마! 지금 도연이 편드는 거지?

엄마 토 달지 말고!
사람 미워하는 데 니 인생 쓰지 말라 이 말이다.
한 번 태어난 인생 이뻐하면서 살기도 모자란 세상이다.

– 드라마 '너의 목소리가 들려' 중에서

인생에서 특별한 일이 생기는 법은 아주 쉬워요.

재미없고 의미가 없더라도

혹은 만날 사람이 없더라도 우선 밖으로 나가야 해요.

누군가 먼저 연락해주기를, 내게 다가오기를 기다리지 마세요.

당신이 먼저 움직이고 당신이 먼저 다른 사람들에게 다가가세요.

그러면 당신은 다른 누군가의 특별한 사람이 될 수 있습니다.

인생에서 무엇보다도 어려운 일은

거짓말을 하지 않고 살아가는 것 아닐까요?

물론 거짓말이 좋은 것은 아니지만

누군가 거짓말 한다고 느낄 때 그냥 모르는 척 넘어가 주세요.

그가 더 부끄럽지 않게 말이에요.

거짓말 안 해본 사람은 없을 테니까요.

한순간의 실수로 거짓말을 했다면

실수였음을 밝히고 진실을 말해요.

한 번뿐인 내 인생, 자신 있게 당당하게 살아요.

페이스북이나 트위터
블로그나 카카오톡 등 SNS에
남을 비난하는 말을 하거나 욕하지 마세요.

잘 알지도 못하면서 다른 사람 관계에 대해서
제멋대로 판단하고 결정을 내리지 마세요.
친구인지, 사랑인지, 엔조이인지는
당사자들이 결정할 문제입니다.

말과 행동도 비싸게 할 줄 알아야 해요.

내가 땀 흘려 번 돈을
한낱 기분을 과시하며
허투루 쓰지 마세요.
특히 남자 분들!
이성과의 술자리에서!!!

돈 벌어봐서 알잖아요?
내가 일해서 번 돈이 귀하듯 남이 일해서 번 돈 또한 귀합니다.
남의 돈 너무 쉽게 생각하지 마세요.

누가 월급을 받았다고 하면
한턱 쏘라고만 하지 마시고
그 돈으로 네가 정말 필요한 곳에
의미 있게 쓰라고 말씀해 주세요.

나보다 연배라고 해서
꼭 나보다 경제적인 여유가 있는 것은 아닙니다.
어른들을 대할 때에도 돈에 대한 배려가 필요해요.

아무리 집에 경제적인 여유가 있더라도
틈틈이 일도 해보고 아르바이트도 해보세요.
대학졸업 후 바로 취직을 하게 되면
사회생활에 적응하지 못하고
한두 달 만에 그만두는 경우가 많아요.
일하는 분야는 다를지라도
미리부터 틈틈이 연습하고 경험을 쌓아두어야 합니다.

소주 먹는 것도 좋지만, 가끔은 그 돈 모아서
좋은 데 가서 좋은 술도 적당히 마시면서
분위기에도 취해보세요.
생각하는 것만큼 그리 비싸지 않습니다.

필요에 따라 조금씩 견해는 다르겠지만
내 상황에 맞지 않는 사치품이 과하면 독이 됩니다.

사람들은 하나만 생각해요.
돈 없이도 행복할 수 있다. 부자들은 행복하지 않다.
그런 말도 안 되는 편견을 깨고
부자이면서 행복한 삶을 살아요, 우리.

모두가 저마다의 세상을 갖고 있듯
그들의 세상이 당신의 그것보다 못하란 법은 절대로 없어요.
사회가 만들어놓은 조그마한 직업의 격차만 존재할 뿐
사람과 사람을 뛰어넘는 그 무언가는 존재하지 않습니다.

사람들은 꼭 한 번쯤
"내가 왕년에"라는 말을 해요.
왕년에 잘 나가지 않은 사람 어디 있나요?
"왕년에"라는 말!
과거에 집착하는 말입니다.

한때의 기분을 과시하다가 일을 그르치지 마세요.
화를 다스리지 못하면 될 일도 안돼요.
앞날을 위해 현재의 치욕은 기꺼이 참아내세요.
욱하는 마음을 다스리고 원만하게 해결하세요.
잘못을 했을 때 사과를 하면 잘못이 없어지진 않더라도
마음은 가벼워집니다.

운전을 할 때 나도 모르게 욕을 하곤 해요.
그런데 생각해보면
정작 그 욕을 듣는 사람은
다른 누구도 아닌 나 자신이에요.
모든 말들이 그래요.
내가 뱉은 말들은 내가 주어 들어요.
욕을 하기 시작하면 담배처럼 끊기가 쉽지 않아
욕을 달고 생활하게 돼요. 욕하지 마세요!
욕해도 하나도 안 무섭고
하나도 안 멋있으니까요!

일시적인 분노와 화 때문에 일을 그르치지 마세요.
성난 마음에 뒷일은 전혀 고려하지 않고 일을 저질러요.
결국 문제가 해결되기는커녕 도리어 일이 악화되죠.

때론 내 분노를 숨기고 웃어넘기는 연습도 해야 해요.
일시적인 감정에 휘둘리지 마시고
내 감정의 주인이 되세요.

웃어도 하루, 울어도 하루.

내가 잘 되기를 진심으로 바라는 사람도 있지만
내 잘됨을 시기하고 질투하는 사람도 있습니다.
나 또한 그렇듯 모두가
나를 응원해줄 수는 없습니다.
그러니 너무 마음에 담지도 상처 받지도 마세요.

사람은 원래 모든 문제의 기준을
자기 입장에서 생각하기 때문에
상대에게 잘해준 것과 서운한 것만을
우선적으로 생각하게 돼요.

그러니 상대에게 서운한 마음이 들 때
내가 받았던 도움을 생각해보세요.

우리들 대부분은 불리한 상황에서는
자신에게 유리한 대로 말하기 마련입니다.
그 마음을 이해해주고 기꺼이 침묵해주세요.
침묵을 지키는 사람이 지혜로운 사람입니다.

술을 마셔 당신의 고민이 해결된다면 술에 흠뻑 취하세요.
그러나 그게 아니라면 술 마실 시간에 고민을 해결할 방법을
생각하고 행동으로 옮기는 것이 어떨까요?

사람 관계에서 쉽게 상처 받고
힘들어하는 사람들의 공통점은
어설프게 착하다는 것입니다.
다른 사람들에게 착하게 보이려고 애쓰지 마세요.
김창옥 교수님의 말씀에 따르면
어설프게 착한 사람이 우울증에 잘 걸린답니다.

미안합니다, 죄송합니다.
한마디면 많은 일들이 좋게 끝납니다.
혈기왕성함에 모두를 불편하게 만드는
어리석고 부끄러운 행동은 참아주세요.

때로는 친한 친구보다
나를 잘 모르는 사람과의 대화가
더 진솔하고 마음 편한 것 같아요.

가족이나 친구가 어떤 일에 대해 투덜거리거나 짜증낼 때
상황의 잘잘못을 따지며
조언하거나 가르치려 하지 마세요.
그냥 그의 편을 들어주세요.
나에게 투덜대고 짜증내는 것은
나와 싸우자는 것이 아니라
내 편에 서서 위로해달라는 뜻 입니다.

무뚝뚝한 사람일수록
마음이 따뜻한 경우가 많습니다.

언제 한 번 만나자.

언제 밥이나 같이 하자.

언제... 언제... 도대체 언제?

생각 없이 내뱉는 책임 없는 한마디,

"언제"

사람은 변합니다.
과거 나에게 잘못하고 상처를 주었던 사람들 또한
계속 나쁜 사람들이 아닙니다.
과거의 이력으로, 기억으로 사람을 판단하지 마세요.
다시 한 번 공정한 눈으로 그를 바라보세요.
과거에 나에게 나쁜 인상을 심어준 사람이
지금은 나에게 더없이 좋은 친구가 될 수도 있으니까요.

먼저 고맙다고, 먼저 미안하다고 말한다면
사람 관계는 나빠지려야 나빠질 수 없습니다.
사람 관계에서는 이기고 지는 것이 없습니다.
먼저 고맙다고 먼저 미안하다고 말하세요.

먼저 고맙다고 말하세요.
먼저 미안하다고 말하세요.

Life

차곡차곡 머리와 가슴에 쌓이는 능력을 키우고 있는가?
혹시 자신을 포장하는 기술만 늘리고 있는 것은 아닌가?

당신 자신의 삶을 살아라.

– 리사 링 Lisa Ling

Value

사람은 타인의 시선을 스스로 만들어내고
거기에 맞추며 살아간다.

소중히 여기는 가치가 있다면
그것을 지켜내는 것 또한 중요하다.
그중 하나는 다음 세대에 전하는 것이다.
그러므로 기억하라. 내일은 너무 늦다.

– 이사도르 샤프Isadore Sharp

Now

연습실에서 비참할수록
무대에서 화려하다.

비참해지고 싶다면 미래에서 살아라.

– 바이런 케이티 Byron Katie

Flow

한 곳에 집중을 하면 주변의 소리가 들리지 않는다.
마음이 계속 흔들린다면
그것에 집중하지 않고 있다는 뜻이다.

현재 있는 곳에서 시작하라.
멀리 떨어진 곳이 더 풍요롭게 보일지는 모르지만
기회는 항상 당신이 서 있는 바로 그곳에 있다.

- 코버트 콜리어 Robert Collier

Hurt

자전거를 처음 배울 때
넘어지면서 배우듯
사회생활도 넘어지고, 상처받으면서
배우는 것이 당연하다.

┼

모든 어려움에는 기회가 놓여 있기 마련이다.

– 알버트 아인슈타인 Albert Einstein

Understand

그 사람이 그렇게 행동한 이유는
본인 말고는 아무도 모른다.
'어떻게 그럴 수 있을까?' 생각할 수 있겠지만
그들도 그럴 수밖에 없는 이유가 있었을 것이다.

성공의 비결이 있다면 그건 자신의 입장뿐 아니라
다른 사람의 관점에서
그 사람의 입장을 이해할 수 있는 능력을 갖는 것이다.

— 헨리 포드 Henry Ford

무전여행을 떠나라

사람들과 이야기 하다 보면 고민은 크게 2가지로 나뉘는 것 같다. 금전적인 문제와 사람 관계에 대한 문제.

나는 이런 분들에게 여행을 하거나 책 읽는 것을 권하고 싶다. 특히 동화책을 강력 추천하는데 마음이 따뜻해지고 편안해지기 때문이다. 억지로 어려운 책, 있어 보이는 책을 읽으면서 자신을 고문할 필요가 없기 때문이다.

우리 대부분이 타인을 배려해야 한다는 마음을 갖고 살다 보니 정작 중요한 나 자신을 배려하며 살기가 힘든 것 같다.

언젠가 이런 글을 쓴 적이 있었다.

"떠나고 싶다고 왜 꿈만 꾸고 있는가? 있으면 있는 대로, 없으면 없는 대로 한 번은 떠나야 한다. 여행은 돌아와 일상 속에서 더 잘 살기 위한 풍요로운 사치다."

이 글을 쓰고 많은 분들에게서 연락을 받았다. 긍정적인 연락도 많았지만 돈이 없는데 어떻게 여행을 떠나느냐는 연락도 많았다.

나는 실제로 돈 없이 여행을 떠난 적이 있었다. 이름 하여 무전여행. 국어사전에서 무전여행을 검색하면 '여행에 드는 비용을 가지지 아니하고 길을 떠나 얻어먹으면서 다니는 여행'이라고 쓰여 있다. 말 그대로 돈 없이 떠나는 여행이다. 내가 경험했던 무전여행은 다른 여행보다 더 기억에 남고 좋은 추억으로 남아 있다. 하지만 너무 오래전 이야기이기에 다시 한 번 배낭을 메고 여행길에 나서기로 마음을 먹었다.

여러분도 여행을 떠나기 전에 많은 고민을 할 것이다. '잠은 어디서 잘까? 식사는 어떻게 해결할까? 어디서 씻지? 요즘 세상 험하다는데? 춥지는 않을까? 여행 도중 아프면? 뭣 하러 사서 고생을 해? 집에서 편히 쉬지...' 이런 생각이 때론 마음을 붙잡을 것이다.
모든 일들이 그렇듯 생각이 길면 안 되는 이유만 찾고 자기합리화하기에 바빠져서, 무작정 짐을 챙겨 배낭을 메고 다시 한 번 여행을 떠났다.

자동차로 다니던 길을 자전거로 바꾸면 보지 못했던 것들이 보인다. 자전거 대신 두 발로 길을 따라 걷다 보니 또 그렇게 새로움이 가득한 거리를 만나게 되었다. 속도를 줄이니 새로운 것이 보이기 시작했다. '인생도 속도를 줄이면 그동안 떠올리지 못했던 새로운 아이디어가, 새로운 해결책이, 새로운 행복이 보이지는 않을까?' 와 같은 생각을 하면서 걷기도 했고 노래를 들으며 걷다가 아무 생각 없이 뚜벅뚜벅 걷기도 했고 괜히 기분이 좋아서 웃기도 하다가 부정적인 생각이 들어 인상을 찌푸리기도 했다.

여행을 하면서 다시 한 번 느낀 것이지만 대부분의 사람들이 도움을 쉽게 거절하지 않는다. 다만, 거절이 두려워 도움을 구하지 않는 것뿐이다. 순간의 낯부끄러움과 도움을 요청하는 짧은 몇 마디뿐인데 말이다. 〈우리는 동물원을 샀다〉라는 영화에 이런 대사가 나온다.
"비록 부끄럽고 확실치 않더라도 미쳤다 생각하고 딱 20초만 용기를 가져봐. 상상도 못할 일들이 펼쳐질 거야!"
난 이 대사가 참 좋다. 일이건 사랑이건 어디에나 적용할 수 있는 좋은 말이기 때문이다.

말을 한마디 건넨 것으로, 길을 물어보는 것만으로, 도움을 요청하는 것만으로, 생각지 못한 것을 얻을 수 있다. 물을 얻어 마실 때는 관공서, 공공기관, 은행, 식당 등을 이용하는데 종종 식사를 사주시거나 간식을 사주시는 분들을 만난다. 걸어서 여행을 하다 보면 어디까지 가는지 묻고 태워준다는 친절한 사람들도 만난다. 굳이 상대가 물어오지 않아도 손을 흔들어 보이는 행동만으로 차를 얻어 탈 수도 있다.

예전에 나는 말을 먼저 걸지도 못했고, 누군가 묻는 질문에도 짧은 대답을 건네던 답답하고 내성적인 사람이었다. 하지만 여행을 하다 보니 어쩔 수 없이 먼저 말을 걸어야 하는 상황이 많았다. 특히 무전 여행에서는 더더욱 말이다.

무전여행을 하면서 많은 일들이 있었다. 자원봉사자 분들을 만나 김장을 거들었던 일, 추위를 피하려고 들어간 마을회관에서 제공해 주신 편안한 잠자리, 끼니를 해결할 뽀글이 라면에 부을 뜨거운 물을 얻으러 들어간 식당에서 밥까지 주신 일, 테이블 옆 식사하시던 손님이 좋을 때라며 술을 사주신 일, 119 소방서에서 음식을 얻어먹고 당일 목적지까지 대려다주신 일 등 도움을 받은 적이 많다. 여행하는 동안 떡볶이, 튀김, 고기, 햄버거, 야식 등 많은 것을 얻어먹었고 한 마을에서는 친절한 아주머니께서 밥과 함께 잘 익은 김치를 챙겨주시면서 배고프면 들러서 밥 먹고 가라며 따뜻한 말도 건네주셨다. 지금도 그때 챙겨주신 김치의 아삭아삭 씹히는 맛을 잊을 수 없다. 시내버스 기사 아저씨, 기차 역무원 아저씨 등의 배려와 그 외 길을 알려주시고 정보를 주신 많은 분들, 배가 너무 고파 헌혈을 고민하고 마트 시식 코너에서 배를 채웠던 일 등 정말 많은 일들이 있었다.

넉넉하고 풍족한 여행을 즐기는 것도 좋지만 이런 경험은 그 무엇과도 비교할 수 없는 내 삶에 단단한 자양분이 되어 주었다.

나는 주변 모든 사람이 한 번쯤 무전여행을 꼭 떠나보길 권하고 싶다. 만약을 위해 비상금을 챙기는 것도 좋지만 여행의 목적을 잊게 하는 유혹이 분명 많이 있기에 추천하고 싶지는 않다. 차라리 비상금 대신 핸드폰 배터리를 하나 더 챙겨 가면 좋겠다.

다시 한 번

"떠나고 싶다고 왜 꿈만 꾸고 있는가?
있으면 있는 대로, 없으면 없는 대로 한 번은 떠나야 한다.
여행은 돌아와 일상 속에서 더 잘 살기 위한 풍요로운 사치다."

만약 생각만 하고 멈춰있었더라면 내 인생의 재미난 에피소드, 많은 생각들, 많은 변화들은 없었을 것이다. 아니, 아무것도 없었을 것이다.

인생은 모두가 함께 하는 여행이다.
매일매일 사는 동안
우리가 할 수 있는 최선을 다해
이 멋진 여행을 만끽하는 것이다.

– 영화 '어바웃 타임' 중에서

마음이 흔들려도
포기하지
말아야 하는 계절

Autumn

나는 지금 열심히 살고 있는 걸까?
나는 지금 바쁘게 살고 있는 걸까?

내가 노력해온 결과물이
지금은 아주 작아 보일지라도
노력을 멈추지 않는다면
그 노력이 모여 인생에 있어서
모든 차이를 만들어냅니다.
절대로 노력을, 꾸준함을 멈추지 마세요.

오래하는 것이 중요한 게 아니라
얼마나 깊이 있게 하느냐가 중요합니다.

힘들기만 한 일이면 그만두세요.
그러나 힘든 만큼의 가치가 있다면 계속하세요.

디즈니가 잡지사와 광고사에서
보기 좋게 퇴짜를 맞았습니다.
이유가 뭔지 아세요?

그림에 재능이 없고, 재미가 없어서였대요.
디즈니한테 말이에요!

당신을 비판하는 사람들 눈이 어떻게 됐을 거예요.
그러니 방해자의 목소리는 잊어버리세요.

만약 용기를 내어 도전하지 않는다면
미래엔 아무것도 없을 거예요.

사람들의 비판에 절대로 포기하지 마세요.
절.대.로!

대나무 씨앗을 심으면
5년 가까이 눈에 띄는 아무런 변화가 없어요.
물을 주고 거름을 주고, 또 물을 주고 거름을 주고...
영양분을 계속 섭취하지만 조그만 변화도 일어나지 않아요.

하지만 5년쯤 지나면 놀라운 변화가 생겨나기 시작합니다.
한두 달 만에 대나무는 30m까지 놀라운 성장을 하죠.
그러나 물을 주고, 거름을 주고, 영양분 섭취하기를 멈춘다면
대나무는 땅속에서 죽어버리고 맙니다.

우리도 땅속에 심어진 대나무 씨앗과 같아요.
아무것도 보이지 않고 미래가 어둡게 보이지만
믿음과 희망을 가지고 나의 씨앗에 알맞은
물과 거름을 주고 영양분을 꾸준히 섭취해준다면
5년간의 대나무의 기다림처럼
당신의 꿈을 향한 기다림도 놀라운 결과를 가져올 거예요.
제발!! 당신의 꾸준함을 멈추지 마세요!

시간이 없다고 말하지 마세요.
날마다 당신에게 주어지는 시간은
단 1초의 오차 없이 모든 사람들에게 공평하니까요.

내가 하는 일들이 다 쓸 때 없는 짓 같고
뭐하고 있나 회의가 들 때도 있어요.
그럴수록 정신 바짝 차리고 마음을 살펴보기로 해요.
정말 필요 없다고 깨달았기 때문인지
마음이 잠시 흔들렸던 것은 아닌지 말이에요.

어설프게 연기하지 말고
어설프게 서 있지 말고
앞장서든지 따르든지, 그것도 아니면 물러나세요!

하고 싶은 것과 해야 하는 것
이뤄야 하는 것
분명히 똑바로 구별할 때예요.

높은 건물을 지으려 땅을 깊게 파듯이.
높이 점프하려 무릎을 구부리듯이.

불안한 건 알겠지만
좀 더 자신감을 갖고 자신을 믿어보세요.

멈추지 마!

지금 멈추면 스포트라이트는 없어.

내게 주어진 문제를
너무 어렵게만 생각하지 말고
단순하게도 생각해보자!

저는 협상을 할 때 상대가 거절을 하면
포기하고 뒤돌아서지 않습니다.
두 개의 질문을 상대에게 더 묻곤 합니다.

먼저,
"그럼 어떻게 해야 협상이 될 수 있을까요?"라는
상대의 의사를 묻고
"만약 제 입장이셨으면 어떻게 해결하셨을지 궁금합니다."라고
묻습니다.

모든 일이 계획대로 된다면 얼마나 좋겠어요.
하지만 계획대로 이루어지지 않았다면
빨리 인정하고 계획을 수정해야 합니다.
그 일에 집착하고 있다고 해서 달라지는 것은
아무것도 없으니까요.

지금 상황이 어떻든 이 말 한마디 하고 시작하기로 해요.
"그럼에도 불구하고 ~한다!"

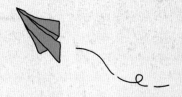

줄리아 뭘 뒤집을 때는 자신의 믿음에 대해 용기를 가져야 해요.

– 영화 '줄리 앤 줄리아' 중에서

할 수 없는 일 붙잡고 끙끙 앓지 마시고
지금 할 수 있는 일을 우선 하세요.
할 수 없는 일을 붙잡고 고민하느라
정작 지금 할 수 있는 일조차 해결하지 못하고
미루는 경우가 참 많아요.

지금 할 수 있는 일을 하고 나면
바로 다음에 해야 할 일을 생각해낼 수 있게 돼요.
그렇게 하나하나 순서대로 고민을 해결해나가는 거예요.
고민을 해결하는 데 있어 지름길 같은 건 절대 없어요.

고민에 빠진 바보들만
혼자 심각하게 받아들이고 확률을 계산해요.
복권 당첨 확률이 1%도 안 되는 것을 알면서
우리는 흔쾌히 복권을 구매하잖아요?

성공하거나 실패하거나 50% 확률!
이렇게 모든 문제를 심플하게 생각해보세요.
무언가에 도전하는 데 있어서 마음이 좀 편안해질 거예요.

한 업계의 최고까지 오른 분을 만나 대화를 나누는데
그 분이 저에게 해준 말씀 중에
가장 가슴에 남는 말입니다.

"자네가 뭐 그리 대단하다고
남들이 먼저 다가오길 기다려?
어리고 모자라면 먼저 다가가야지!"

이 이야기를 들었을 땐 솔직히 기분이 나빴지만
생각하면 생각할수록 백번 맞는 말이네요.

"벼는 익을수록 고개를 숙인다."

자존심을 버리고, 고개를 숙이고
먼저 사람들에게 다가가는 것이
어쩌면 벼를 무르익게 만드는
가장 큰 영양분이 아닐까 생각해봅니다.

여러분들도 여러분이 잘났다고 생각하지 마시고
자신이 원하는 성공을 이루고 싶다면
스스로 먼저 다가가보세요.

자신에게 조금만 너그러워지세요.
우리에게 지금 필요한 것은
과정을 즐기는 여유로움입니다.

내가 걷고 있는 길이 내 길이 아니거든
돌아서는 용기를 가지세요.
돌아서는 것과 포기하는 것은 큰 차이가 있습니다.

내가 걷고 있는 길이 내 길이 맞거든
흔들리지 말고 계속 걸어가세요.
흔들리지 않고 걸어가는 것은 삶에 큰 차이를 낳습니다.

지치고 힘들 때
그동안 수고한 자신을 위해 선물을 주세요
맛있는 음식으로, 사고 싶었던 아이템으로
자신에게 너무 인색하지 마세요
그동안 지친 맘이 다시 힘을 낼 수 있도록요.

나자신을 위해 선물을 주세요.

가끔은 아무 이유 없는 일탈이
여행이라는 멋진 이름으로 변하기도 한다.

자동차로 다니던 길을
자전거를 타고 지나보세요.
그동안 보지 못했던 것들이 보일 거예요.

그러다, 자전거에서 내려
걸어도 보세요.
또 다른 새로움을 느끼게 될 거예요.

속도를 줄여보세요.
인생의 속도를 줄일 때 작은 행복이 보입니다.

따뜻한 말 한마디가
먼저 내민 따뜻한 손이
많은 것을 바꿀 수 있습니다.

위로의 말 한마디가
상대의 고민을 해결해줄 수는 없지만
상대의 마음은 구할 수 있습니다.

괜찮아? 무슨 일 있어?
힘내! 다 잘 될 거야!

상대의 마음을 구하고
힘을 얻게 해주는 한마디입니다.

마음 맞는 사람과의 대화는
힘든 일상생활에서 큰 활력소가 되어 줍니다.

이렇게 살아서는 안 되는데 이렇게 살고만 있는 나이 스무 살
이렇게 살 수도 없고 이렇게 죽을 수도 없는 나이 서른 살
―아프니까 청춘이다 인용

차라리 혼자만의 시간을 가져보세요.
혼자 밥도 먹고, 영화도 보고
산책도 하고, 쇼핑도 하면서요.
모처럼 쉬는 날
다른 사람의 생각과 눈을 걱정하면서
보내기엔 내 휴일이 너무 아깝잖아요.
나를 위한 나만의 시간을 즐겨보세요.

누구나 외롭다
누구나 힘들다
다들 아닌 척 살아갈 뿐이다

인생의 선배들은 꿈보다는
안정적인 직장을 추천해주곤 해요.
그럴 때마다 느낍니다.
삶이 얼마나 힘들고 고통스러운지.

내가 꿈꾸었던 어른이 된 나의 모습과
현재의 내가 다르다는 이유로
초라함을 느끼며 너무 힘들어하지 마세요.

똑같은 상황임에도 불구하고
내 기분에 따라 좋고 나쁨도 결정됩니다.
상황을 바꿀 수 없다면 상황을 바라보는
마음가짐을 바꿔봅시다.

즐겁지 않은 날도 물론 있어요.

사회생활도 넘어지고 상처 받으면서
배우는 것이 당연한 것입니다.

살다 보면
가장 소중한 것을 잃어버리게 되는 것 같아요.
그것은 바로
나 자신을 잃어버리고 살아가는 거죠.

"꿈의 사이즈가 클수록 고민도 고통도 크다."
바꿔 말하면 고민, 고통만큼
큰 성공이 우리 앞에 기다리고 있다는 것이겠죠.
그러니 포기하지 마세요!

포기를 포기시키겠다는 마음으로 살아요, 우리.

자신을 믿어요.
우리 모두는 그 누구보다
더 잘 할 수 있어요.
힘내세요.

토닥토닥

조급하지 않게
그렇다고
너무 느리지도 않게

일과 삶의 균형은 언제나 어렵다.
하지만 포기해서는 안 되는 것

자책하면 못 쓰는 거란다.
그게 바로 못생겨지는 거야.
못생겨지는 건 마음에서부터 시작된단다.
매일매일을 새롭게 살아가는 거야.
아침에 일어나면 새로운 결심들을 하는 거지.
너 자신에게 물어봐.
'오늘 나를 험담하는 바보 같은 말들에
귀를 기울일 필요가 있을까?'
너의 엄마가 삶을 결정 지어주는 건 아니야.
네가 결정하는 거지.
너는 분명 큰일을 할 거야."

– 영화 '헬프' 중에서

이제, 만남보다 헤어짐에 더 신경을 써야 합니다.

이별 후
시기와 질투, 복수심 대신
그 사람의 행복을 진심으로 빌어주세요.
그리고 당신도 행복한 사랑을 다시 시작하세요.

이별의 종착역은 '새로운 사랑' 입니다.

세상엔 우리가 아직 만나보지 못한
우리를 기다리고 있는
좋은 사람들이 너무나도 많습니다.
이제 그만 아파하시고
새로운 인연을 받아들일 준비를 하세요.

사랑 때문에 입은 상처는
또 다른 사랑으로 치료해야 된다는 말에
억지로 새로운 사랑을 하려 하면
새로운 사랑은 당신의 상처를 치료하기 위해
또다시 상처 받고 대신 아파해야 합니다.

사랑09

글자만 알고 직접 알지 못하는 두 글자...

짝사랑의 완성은 고백입니다.

스쳐가는 사람으로서
과거의 인연으로서
현재의 연인으로서
미래의 배우자로서
말을 함부로 하지 말아주세요.
마지막 배려만큼은 지켜주길 바래요.
남자라서 지켜줄 수 있는 배려.
여자라서 지켜줄 수 있는 배려.
성별에 따라 가치관에 따라
사람들이 지키고 싶은 것들은
모두 다 다르니까요!!

사람 마음, 강요한다고 되는 거 아니잖아요.

당신이 메인요리가 될 수 없는 이유!
마냥 착한 남자, 마냥 착한 여자는 심심해요.
당신의 삶에도 입맛에 따른 양념이 필요합니다.
'달콤하게' 때론 '화끈하게'

–파울로 코엘료의 '마법의 순간' 인용

단호하고 과감하게 내려놓아야 하는데
끝내 결별하지 못하고 혼자 아파하고
끌려다니는 사람들이 많이 있어요.
내려놓을 것은 얼른 내려놓아야 합니다.
내려놓아야 가벼워집니다.

목 놓아 울게 했던 슬픔도
흘러가는 시간 앞에서는
무뎌지고 잊혀져간다.

아직 미련이 남는다면
한 번 더 믿어보세요.
미련이 남는다면
한 번 더 믿어보세요.

비가 온다...
이쯤에서 너까 왔으면 좋겠다.

사람 관계란 참으로 아이러니하네요.
좋다가도 조금만 섭섭하거나 마음에 들지 않으면
금방 토라져버리니 말이죠.

내가 힘들 때
진심으로 속마음을 이야기할 사람이 없다면
혼자라고 느껴진다면
자신의 행동을 의심해보아야 합니다.

내 입이 가볍지는 않았는지
앞에서 말할 때와
뒤에서 다른 사람과 말할 때 다르지는 않았는지
거짓말을 하거나 다른 사람의 행동에 대해 칭찬에는 인색하면서
불평과 비난만을 자주 토해내지 않았는지 말입니다.

믿었던 사람이 아니면 서운해하지도 않습니다.
서운해하기 전에 나는 정말 잘했나 생각해보세요.

말을 너무 쉽게 하지 마세요.
그 사람이 어떤 상황인지
어떤 일을 겪었는지 잘 알지 못하잖아요.

사실인지 아닌지 모르는 이야기
함부로 떠들고 다니는 거 아니에요.
그 이야기 때문에 상처 받고 오해 받으며
힘들어하는 사람들이 많으니까요.

몇 년을 함께 해왔는지는 그리 중요하지 않습니다.
얼마나 진정성을 가지고 얼마나 진심으로
사람을 마주 대하느냐가 가장 중요한 것입니다.
진심은 언제나 통하는 법이니까요.

좋은 사람과 나쁜 사람, 따로 있는 것이 아니에요.
상황과 보는 관점에 따라 좋기도 하고 나쁘기도 한 것이죠.
모두 내 이익과 내 관점을 기준으로 판단했을 뿐이에요.

목적을 두지 않는 편안한 만남이 좋다.
속으로 무슨 생각을 할까 짐작하지 않아도 되는.
그래서 알면 알수록 더 편해지는 사람.

좋아하는데 이유가 없는 사람이 좋다.
좋아하는 이유가 있는 사람은
그 이유가 없어지면 떠나버리고 말 테니까.

사람들 앞에서 생색내지 않고 눈에 띄지 않게
묵묵히 위해주고 아껴주는 사람이 좋다.
좋을 때나 힘들 때나 계산 없이
함께 있어줄 사람이니까.

친구관계에 순위를 두려 하지 마세요.
서로를 억압할 수 있는 말입니다.

정말 소중한 친구가 꼭 한 명이라는 법은 없습니다.
사회에서 만난 친구도 누군가에겐
소중한 친구일 테니까요.
색안경을 끼고 사람을 만나서 그렇지
서로 잘 알아가며 이해하고 지내다보면
모두 소중한 친구가 될 수 있습니다.

필요할 때만 찾지 말란 말! 쉽게 하지 마세요.
필요할 때 서로 도와주려고 맺는 관계잖아요.
모든 관계를 하나하나 따지고 보면
필요에 의해 맺어지는 관계입니다.
얼마나 멋져요? 누군가 나를 필요로 한다는데!

세월이 흐를수록
친구의 폭이 좁아지는 것을 느낀다.

반면, 세월이 흐를수록
우정이 더 깊어가는 친구도 생긴다.

다른 사람 마음에 상처 줄까봐
내 마음에 상처 주는 일, 이제 그만 하세요.
모두를 만족시킬 수는 없어요.
무조건 이해하고 용서할 수는 없는 일이죠.
너무 착해지려고 노력하지 마세요.
그럴수록 내 마음의 병만 커집니다.

그 사람이 싫다면
그냥 무시해 버리는 것도 방법이에요.
유치하게 감정싸움을 할 필요도
내 기분을 상하게 할 필요도 없어요.

불만이 있는 상대에게
직접 찾아가 얘기를 나눠야 해결책이 나옵니다.
주변 사람들에게 호응을 얻어 봤자
상대의 이미지를 깎아내리는 것에 그치며
나 또한 불만을 얘기하는 부정적인 사람으로 비춰진답니다.

원하는 것이 불만에 대한 해결인지
상대를 헐뜯어서 깎아내리는 것인지
생각해보아야 합니다.

나도 싫어하는 사람이 있듯이
나를 싫어하는 사람도 있어요.
그러니 누군가 나를 싫어한다면
무턱대고 반감부터 가질 것이 아니라
나도 누군가를 싫어하고 있다는 것을
먼저 생각해보면 좋을 것 같아요.

사람과 일에 자꾸 부딪친다면 한번 생각해보아야 해요.
나도 모르는 고정관념이 생겨버린 것은 아닌지 말입니다.

개인의 상처, 기억, 경험
자신이 자라온 환경에 따라
같은 것을 보고 듣더라도
다르게 보이고 다르게 느끼기 때문에
서로 다름을 인정해야 해요.
모두가 나와 같기를 바람은 내 욕심입니다.

모두를 위한다는 것이
사실은 나를 위한
내 마음이 편하기 위한
내 욕심인 경우가 많습니다.

스트레스를 부르는 그 이름, 직장상사.
직장상사가 직장동료가 마음에 안 들어
회사를 옮길까 고민하는 중이라고요?
그러면 옮겨간 회사에는
내 마음에 쏙 드는 천사들만 있을까요?
옮긴 회사에도 마찬가지로
나와 마음 맞지 않는 사람들이 있습니다.

-김미경 원장 강의에서 인용

불평해서 바뀔 일이 아니라면
쿨 하게 인정하고 융통성 있게
주어진 상황에 맞게 행동하세요.
불평만 늘어놓는
입만 산 찌질이로 살지 말고요!

겉 다르고 속 다르고
있을 때 다르고 없을 때 다르고
화장실 들어갈 때 다르고 나올 때 다르고...

우리, 가면 쓰고 살지 말아요.
그냥 있는 그대로의 내 모습 보여주며 살아가자고요.

힘들 때가 아니라 좋을 때
옆에 있겠다는 쪽이 솔직하다고 생각해요.
긴 병 앞에 효자 없다는 말이 있습니다.
힘든 상황이 닥치기 전까지는 할 수 있을 것만 같아도
막상 힘든 상황이 닥치고 그 상황이 오래 지속되다 보면
사람은 지치기 마련입니다.

내가 미안하다는 말, 고맙다는 말이 좀 서툴러...

"미안해, 고마워"

말하지 않아도 알아줄 거라는
생각은 하지 마세요. 말을 해야 압니다.

좋으면 좋다! 싫으면 싫다!

괜찮으면 괜찮다! 힘들면 힘들다!

고마우면 고맙다! 미안하면 미안하다!

말을 하세요!
말하지 않아도 전해진다고 생각한다면 큰 착각입니다.

외로움

느껴지지 않던 외로움이
오히려 주변에 사람들이 많아지니 생겨나기 시작했다.

외로울 때에는 최소한 혼자일 수 있다.

– 로드 바이런 Lord Byron

고통

진짜 힘들고 고통스러울 때는 불평할 겨를이 없다.

당신에게 벌어지는 나쁜 일들은
당신에게 일어날 수 있는 최고의 일이 된다.

– 제이 휴이트 Jay Hewitt

노력

재능에는 한계가 있지만 노력에는 한계가 없다.

당신이 거둔 것으로 하루를 판단하지 말고
당신이 뿌린 것으로 판단하라.

– 로버트 루이 스티븐슨Robert Louis Stevenson

확신

모든 것이 좋지 않아도 된다.
가난은 부지런함을 낳고 돈의 소중함을 가르치며
배우지 못함은 배움의 중요성을 깨닫게 해준다.
가난하다고 내 꿈마저 가난할 수는 없다.

+

자기 자신을 의심하지 마라.
의심이 있는 곳에는 확신이 설 자리가 없다.

- 짐 론Jim Rohn

모험

새로운 삶을 위해선 잠시 손해를 보더라도
멈추는 용기가 필요해요.

지금부터 20년 후에 당신은 자신이 한 일보다
하지 않았던 일로 인해서 실망하게 되는 일이
더 많을 것이다.
그러므로 돛을 올리고 안전한 항구를 떠나 항해를 시작하
라.
무역풍을 타라. 모험을 감행하라.

    - 마크 트웨인Mark Twein

최선

세상이 불공평하다고 말하기 전에
뭔가를 열심히 해본 적은 있습니까?

당신이 원하는 모든 것은
당신으로부터 부름을 받기만 기다리고 있다.
당신이 원하는 모든 것들도 당신을 원하고 있다.
그것을 얻으려면 단지 행동을 하면 된다.

– 줄스 레나드 Jules Renard

아무도 원망하지 않아요

마지막 추위를 알리는 2월 24일.

생일을 맞은 나를 축하해주는 파티가 한창 무르익을 때였다.

'때르릉 때르릉' 핸드폰에 찍힌 번호를 보니 삼촌이었다. 시끄러운 자리를 피해 전화를 받으려는 순간 전화벨이 멈춘다.

'삼촌이 이 시간에 웬 전화지?' 핸드폰 발신을 눌러 삼촌에게 전화를 걸었다.

"여보세요?" 몇 번의 신호음 끝에 삼촌의 힘없는 목소리가 들려왔다.

"삼촌?"

"응, 준모구나. 뭐하고 있었니?"

"오늘 내 생일이라 친구들이랑 생일 파티 하고 있었지."

"그래? 생일이야? 생일 축하한다."

"고마워 삼촌. 그런데 무슨 일이야?"

"별일은 아니고…… 준모야 내일 아침에 삼촌 좀 만나러 올 수 있니?"
삼촌은 새로 이사한 오피스텔 주소를 불러주었다. 그때 알 수 없는
이상한 느낌이 나를 스치고 지나갔다. 통화를 마치고 친구들이 있
는 자리로 돌아왔지만 찜찜한 생각이 멈추질 않았다. 궁금한 마음
에 삼촌에게 다시 전화를 걸어봤다. 통화 중이다. 5분 뒤 다시 걸어
보니 신호는 가는데 전화는 받지 않는다. 불안한 마음에 나는 미안
하다고 양해를 구하고 친구와 함께 삼촌을 만나러 갔다.

삼촌이 불러준 주소를 내비게이션에 입력했다. 주행거리는 약
60km였다. 전화는 여전히 받지 않았다. 목적지 주변에 도착해 차를
세워놓고 걸어가는데 뒤쪽에 낯익은 삼촌의 검은색 승용차가 보였
다. 차를 발견하고 보조석 문을 여는 순간 기침이 쏟아져 나왔다. 차
안은 온통 희뿌연 연기로 가득했고 숨을 쉬기도 힘들 만큼의 매캐
한 냄새가 일순간 뿜어져 나왔다.

삼촌이 차 안에서 연탄을 피워놓고 자살을 시도한 것이다. 정신없이
나와 내 친구는 삼촌을 차에서 끌어내렸다. 삼촌의 팔과 다리가 힘
없이 흐느적거렸다. 친구는 119에 신고를, 나는 심폐소생술을 시작
했다. 삼촌은 이미 의식이 없는 상태였다. 나중에 경찰 조사 결과를
보니 나와 전화 통화를 할 때부터 이미 연탄을 피워놓고 있었다고
한다.

삼촌은 5남매 중 네 째였다. 사업 실패로 경제적으로 힘든 일을 많이 겪어왔고 이혼을 했으며 딸은 막내 고모에게 손에서 컸다. 엎친 데 덮친 격으로 좋지 않은 일에 휘말려 몇 년 간 수감 생활까지 하셨다. 출소 후 잘 살아보겠다고 열심히 일해 온 삼촌이었다. 가족들 앞에서 겉으로는 항상 웃고 있었지만 속으로는 얼마나 마음고생이 심했을까?

급하게 달려간 H대학병원 응급실에서 치료가 불가능하다며 다른 큰 병원으로 가라고 했다. 다시 응급차에 몸을 싣고 아산병원으로 이동해 수술을 받을 수 있었다. 나중에 보니 삼촌의 핸드폰에 기록된 마지막 메시지는 하나뿐인 딸에게 보낸 것이었다.

"아빠가 미안해. 잘 해주고 싶었는데. 사랑해."

가족들은 번갈아가면서 삼촌을 간호했고 며칠 뒤 삼촌은 의식을 되찾았다. 그러나 일산화탄소 중독으로 뇌에 무리가 가서 초등학생 수준의 어린아이 같았다. 하지만 그렇게라도 삼촌은 다시 가족 품으로 돌아왔다. 가족들은 삼촌이 이렇게 다시 돌아와준 것에 감사했다.

삼촌은 어렸을 적 나의 영웅이었다. 생일뿐만 아니라 어린이날, 크리스마스 또는 특별한 날이 아니라도 그 당시 유행했던 로봇과 비비탄 총, 미니카, 각종 장난감들을 선물해주었다. 나는 그런 삼촌이 좋았고 삼촌이 우리 집에 놀러왔다가 가려고 할 때면 떼를 쓰며 울며불며 매달리고는 했다. 나에게는 그런 멋진 삼촌이었다. 그런 삼촌이 지금 내 앞에서 이렇게 무너져 내리고 있었다. 삼촌을 위로해주고 싶었지만 당시에 나는 어렸고 무슨 말로 위로할지 몰랐다.

세월이 지난 지금, 나 역시 험한 세상에서 무릎도 꿇어보고 자존심도 짓밟혀봤으며 초라함, 수치심, 모욕감, 무시, 비하, 차별, 배신 등 수많은 일들에 좌절도 많이 했다. 그리고 앞으로 살아가야 할 불확실한 미래가 솔직히 두렵다. 세상의 무서움을 몸으로 느끼고 있는 지금, 그런 극단적인 결정을 내렸던 삼촌의 마음을 조금이나마 이해할 수 있게 됐다. 지금은 한없이 작고 축 쳐진 슬픈 어깨를 가진 삼촌이지만 어렸을 적 나의 영웅이었던 삼촌에게 이제 말하고 싶다.

아무도 원망하지 않아요.
괜찮아요.
힘들어하지 마세요.
당신도 잘해보려 그랬다는 거 다 알아요.

기적을 바라는 계절

겨울

Winter

사랑에는 조건이 하나있어요.
"무조건"

나중에 잘해드려야지, 호강시켜드려야지.
왜 항상 늦게 깨닫는지 모르겠습니다.
물질적인 것만이 효도가 아니라는 것을...

중요한 순간은 '지금' 이니까요.

너무나 당연한 말을
늘 소홀히 여기고 살아갑니다.
미안해요, 고마워요, 사랑합니다.

무슨 말이든 모두 꺼내 놓을 수 있을 것 같을 때
어쩌면 그땐 이미 내 말을 들어줄 그가
곁에 없을지도 모릅니다.

부모님께 사랑한다는 말, 감사하다는 말
절대로 아끼지 마세요.
절대로 소중함을 미루지 마세요.

어렸을 적에 사고도 많이 치고
남의 부모와 비교하며 부모님 탓하고
속도 많이 상하게 해드려 너무나 죄송해요.
이럴 거면 왜 태어나게 했냐고 했던 말이 생각나네요.
부모님 정말 죄송합니다. 정정할게요!
이 세상에 올 수 있게 해주신 것만으로도
당신들은 제게 모든 것을 다 해주셨습니다.
태어나게 해주셔서 정말 감사합니다.

어느 아들이 인터넷에서 빌게이츠 집을 보면서
"와~ 빌게이츠 아들은 좋겠다."라고 말했습니다.
그걸 옆에서 지켜보던 부모가 그 말을 듣고
"와~ 빌게이츠 부모는 정말 좋겠다."라고 말했답니다.
정말로 좋은 것은 부모와 자녀 모두를 만족시킬 수 있는
빌게이츠 본인이라는 것을 잊지 마세요!

다른 곳에서 기분 나빴던 일을 다른 사람에게 풀지 마세요.
우리는 종종 가족과 친구에게 화를 풀고자 할 때가
많은 것 같아요.

소중한 사람이기에 내 마음을 이해해줄 수 있겠지만
소중한 사람에게 기쁨만을 주기에도 시간이 부족합니다.

내가 싫어하는 사람도
누군가에겐 소중한 가족이고
누군가에겐 소중한 연인이며
누군가에겐 소중한 친구입니다.

고등학교를 졸업한 후, 대학교를 졸업한 후
어정쩡한 책임감을 느끼며 사회로 나오게 되죠.

이제, 그 어정쩡한 책임감 조금 뒤로 미루면 안 되나요?
몇 년, 몇 십 년 도움 받고 살아왔는데
조금 더 도움 받으며 정말 하고 싶은 일
내가 정말로 배우고 싶은 공부 하면 안 돼요?

나 때문에 가족이 더 힘들 수도 있겠지만
왜 이제 와서 책임감을 느끼는 건데요?
정말 책임감을 느낀다고 생각한다면
시간을 아끼고 돈을 아껴서 정말로 책임감 있는 모습을
보여야 하지 않을까요?

어정쩡한 책임감과 합리화로
스스로를 그만 속이고!
나이 탓 그만하고!
주변 환경 탓 그만하고!
어정쩡한 책임감 잠시 접어두고!

정말 책임감 있게 살기 위해
내 가슴이 시키는 일을 하면서
건강한 몸을 굴리세요!
그게 정말 책임감 있게 살아가는 거 아닐까요?
용돈이 모자라서? 원하는 것을 살 수 없어서?
공부(유학)하고 싶은데 집안 환경이 안돼서?
환경을 탓하고 변명하지 마세요.
내 인생의 길은 부모님이 아니라
우리 스스로 만들어가는 겁니다.

이제 우리 이렇게 살아요.
"눈치는 안 봐도 예의는 지키면서"

서로 오해가 있다면 잘잘못 따지지 말고
누가 먼저가 되었건 찾아가서 오해를 푸세요.
시간이 지날수록 오해와 앙금은 점점 더 깊어집니다.

서로 자기만의 눈높이에 맞추어
보고, 듣고, 생각하고, 믿고 싶은 것만 믿으며
제멋대로 결론을 내리고는
내 맘을 몰라준다고 불평들을 하고 있죠.

우리의 오지랖 넓은 몇 마디 때문에
누군가는 용기 내어 도전한 일들을 포기하고
용기를 잃기도 하는 것 같아요.

친구가 하는 일이 잘 안되었을 때
"거봐, 내가 하지 말랬잖아~"
이건 무슨 심보일까요?
그럼 친구가 잘 되지 않기를 바랐던 건가요?

내 충고를 무시하고
무모한 도전을 시작하더라도
이미 시작된 후라면
'내 생각이, 내 판단이 틀렸기를
그리고 그가 옳았기를
꼭 성공하기를!'

진심으로 바라는
진짜 친구가 되어 주세요.

무슨 말로도 위로가 되기 어려운 상황이 있습니다.
그럴 땐 그냥 아무 말 없이 그 사람 옆에 같이 있어 주세요.
위로는 꼭 말로 건네야 하는 것은 아닙니다.

힘들 때 함께 있어 주는 것만으로도
큰 힘이 될 수 있습니다.

도움을 주는 사람 입장에서는
아주 사소한 것일지 모르지만
도움을 받는 사람 입장에서는
평생 잊지 못할 고마움이 될 수 있어요.

누군가가 내 마음을 알아주기를 원하는 만큼
나도 다른 이들의 마음을 알아주는 법을 배워야 합니다.

고민을 털어놓는 것만으로 고민이 해결되지는 않아요.
하지만 고민이란, 다른 사람에게 털어놓는 것만으로도
마치 해결된 듯한 기분이 들기도 하죠.
고민을 털어놓는 사람은 고민을 들어주는 사람이
해결해주길 바라서 그 말을 하는 것이 아니에요.
들어주는 사람 자체만으로도 힘이 되기 때문이에요.

나에게 상처를 준 사람에게
나도 똑같이 복수하고 싶어 나쁜 짓을 한 적이 있습니다.
그런데 생각해보면 나쁜 사람들은
누군가에게 먼저 상처 받은 사람들이 아닐까요?

"그들은 아마도 나쁜 사람이기 전에
누군가로부터 상처 받은 사람들일 거예요."

아이가 잘못했을 때에는
회초리를 드는 것이 아니라 타이르는 것이고

학생이 잘못했을 때에는
꾸짖고 벌주는 것이 아니라 가르치는 것이에요.

나무람과 질책은 문제를 해결하는 방법이 될 수 없어요.

남들이 돌았다고 미쳤다고 안 된다고 해도
나는 도전하는 지금의 내가 정말 좋다.

납득도 못한 채 도망쳐 살아가는 사람들보다
내 소신껏 살아가는 지금의 내가 멋지다.

내가 옳다고 생각하는 일을 꿋꿋이 해나가는
그런 나를, 나는 진심으로 사랑한다.

발명왕 에디슨
얼마나 많은 실패를 했을까요?

라이트 형제
비행기를 만들기 위해 얼마나 많은 실패를 했을까요?

그러나 그들은 포기하지 않았습니다.

그렇다면 멕키스트는 포기했을까요?
멕키스트가 누구냐고요?
멕키스트는 꿈을 포기한 사람입니다.
역사는 포기한 사람을 기억하지 않습니다.
포기하면 잊혀질 뿐입니다.

-혁신이야기 인용

"천재는 99%의 노력과 1%의
야, 그런 말도 있잖냐
천재는 99%의 노력과 1%의... 영감?
근데 그 말 만든 사람이 에디슨이래.
천재, 자기혼자 잘나서 미안하니까
보통사람 위로하려고
지어 낸 거야
그럼 딴 거... 그래도 뭐 어떡하겠어.
계속해야지... 가야지..."

– 드라마 '태릉 선수촌' 중에서

위기는 준비된 사람과 그렇지 못한 사람을
가려내기 위해 존재하는 것 같아요.

변명은 그냥 겉으로 보이는
아주 작은 이유밖에 되지 않아요.
사실은 현실을 받아들이기가 무서워
도망치고 있는 건 아닌가요?

이제는 가지고 와야 합니다.
헛되이 보낸 시간을 되돌릴 노력과 시간을 말입니다.

주어진 운명과 맞서 싸울 텐가, 포기할 텐가?
만약 포기한다면 후회할 거야!
후회는 내일 해도 늦지 않아!

ANDANTE

쉬거나 잠시 멈춰 서면

뒤처지고 늦어질까

불안해하지 마세요.

종종 아르바이트 하는 것을
부끄러워하는 사람들이 많이 있는 것 같아요.

특히나 아는 사람들을 만나면 창피해서 어떡하지?
이런 고민들을 많이 하시죠.
내려놓으세요. 부끄러워할 필요가 전혀 없어요.

하지만, 계속 그렇게 느껴진다면
조금만 더 앞을 내다보고 주변을 의식하세요.

지금의 부끄러움은 잠시지만
지금 잠시의 부끄러움을 피하기 위해 아무것도 하지 않는다면
그 후에는 더 큰 부끄러움과 초라함만이 남을 뿐입니다.

그리고
조금 지나 보면 사실 별것도 아니에요.

더욱 중요한 것은
지금 숨기고 싶어 하는 일들이
시간이 지나 자신의 영웅담이 될 수 있다는 거예요.

성공한 사람들
유명한 사람들뿐 아니라 많은 어른들은
자신의 초라한 과거를 이야기하기 좋아합니다.
내가 이런 상황에서 이렇게 극복했다!
내가 그 나이 때는 말이지!
이런 이야기, 들어보셨죠?

지금은 부끄러워 숨기고 싶은 일들을
훗날 자랑스럽게 말하는 날이 올 것을 믿어요.

그때 하나의 에피소드를 더 만들기 위해서라도
지금 움직여야겠죠.

"내가 가는 길에 초라함이 없기를 바라지 마세요."
그런 인생은 없습니다. 절대로! 그 어디에도!

우유배달부 신격호는
롯데그룹 창업자가 되었다.
병아리 10마리로 시작한 김홍국은
닭고기 생산 판매 1위 업체인 (주)하림의 창업자가 되었다.

동네 과외방 교사 강영중은
대교그룹 창업자가 되었다.
경찰의 지명수배를 피해 전국을 떠돌던 김광석은
참존 화장품 창업자가 되었다.

실직자 김양평은
세계 최대 · 최고의 코팅기 제조회사 GMP의 창업자가 되었다.

막노동꾼 김철호는
기아자동차 창업자가 되었다.
수세미 영업사원 이장우는
한국 3M 사장이 되었다.

상업고등학교와 야간대학을 졸업한
조운호는 웅진식품 사장이 되었다

지방대 농과대학을 졸업한 허태학은
에버랜드 및 신라호텔 사장이 되었다.

파산하고 빚더미에 앉았던 보도 새 퍼는
훗날 억만장자가 되었다.
한강 둔치에서 3년 가까이 노숙자 생활을 했던 신충식은
칫솔 살균기 분야 세계 1위인 에신시아를 세웠다.

유서 한 장 품고 해결사에게 쫓기면서 전국을 떠돌던 김철윤은
가맹점만 560개가 넘는 해리코리아 사장이 되었다.
근육무력증으로 5년 가까이 침대에 누워 살던 박성수는
이랜드 그룹을 세웠다.

-꿈꾸는 다락방 중에서

이 밖에도 세상에는 말도 안 되는 상황과 환경 속에서
기적 같은 일을 해낸 사람들이 셀 수 없이 많습니다.
'왜 나만 이렇게 힘들지'라고 생각하며 살아가고 있으신가요?
지금 현재의 삶에 감사하며 여러분들도 여러분의 성공을 위해
장애물을 넘고 앞으로 걸어가세요.

이제 당신의 차례입니다.
당신의 성공을 응원합니다.

국가를 탓하고, 정치를 탓하고
사회를 탓하고, 부자를 탓하며
자신이 안 될 수밖에 없는
자신이 가난할 수밖에 없는 이유를 찾느라 바쁠 때
성공한 사람들은 그 반대의 이유를 찾느라 바빴어요.

결과를 알고 난 뒤
"이렇게 해야 했다!"
말하는 건 누구나 다 할 수 있어요.

생각만큼 성과도 없고
이루어 놓은 것도 없는 참으로 슬픈 현실.
누가 알아주기라도 하나요?
위로 받으면 뭐 달라지나요?
아프고 슬픈 사람들끼리 모여 서로 토닥인다고
뭔가 큰 변화가 올까요?

진정으로 위하고 사랑하는 사람이라면
당근뿐만 아니라 채찍질도 해주세요.

아무것도 하지 않았기 때문에 아무것도 할 수 없었다.

남의 성공은 반드시 이유가 있고
내 실패 또한 반드시 이유가 있다.

아프니까 청춘이라지만
너무 당연하게 생각하고 있는 것은 아닌가요?

내 꿈을 위해 노력하고, 치이고, 깨지고
밟히는 것 또한 청춘입니다.
아프니까 청춘이라지만
청춘은 아프라고만 있는 건 아닙니다.

나이에 맞지 않는 지나친 성숙도 문제라고 생각합니다.
너무 이른 나이에 많은 것을 배우고
깨달으려고 하면 조급한 마음에 지칠 수도 있고
더욱 중요한 것들이 경시될 수도 있기 때문입니다.
그 나이에만 할 수 있는 것들이 존재하기 마련이니까요.

소 잃고 외양간 고치는 사람을 비웃지 마세요.
경험을 통해 같은 실수를 반복하지 않기 위해

그는 지금 준비하고 있는 것입니다.
그는 지금 반성하고 있는 것입니다.
그는 지금 성장하고 있는 것입니다.

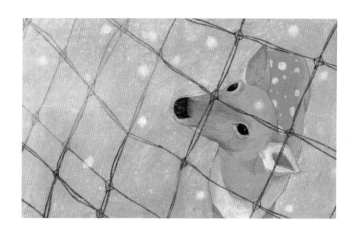

새해 첫날 떠오르는 해를 보며
새로운 결심을 하는 것은 뜻 있는 일입니다.
하지만 그 결심을 지금 이 자리에서
바로 오늘 하면 안 되는 것일까요?
새해 첫날 떠오르는 해를 보며
결심을 하겠다는 것은
남은 기간 적당히 살겠다는 뜻인가요?

아무런 계획도 없이 불평만 하고
나를 구해줄 구원의 손길만을 기다리고 있다면
상황은 전혀 달라지지 않아요.
내 인생은 아무도 대신 살아줄 수가 없어요.
조언을 해줄 수는 있지만
받아들이고 행동하는 것은 내 몫이기 때문이에요.

우리가 남의 시선에서
조금만 멀어지고, 자유로워질 수 있다면
내 삶의 많은 기준들은 달라질 수 있습니다.

남과 비교하며 한탄하는 것은
바보 같은 짓입니다.
그와 내가 다른데
어떻게 비교 대상이 될 수 있겠습니까?
기억하세요.
나는 그보다 못한 것이 아니라
그와 다른 것입니다.

우리가 정말 포기하는 이유는
불가능해서가 아니라
불가능할 것 같아서다.

밤새 고민을 해도 답이 나오지 않는다면
마음이 이끄는 대로 맡겨보는 것도 나쁘지 않습니다.

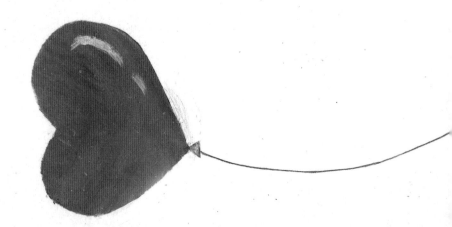

내가 꿈꿔왔던 삶은 이게 아닌데...
어디서부터 엇나가기 시작한 걸까?
불가능할 것 같은 내 꿈을 이루고자 애쓰는 대신
손에 잡히는 현실에 안주하기 시작했을 때부터였을까?

어렸을 때 꿈꾸었던 나의 영웅들이 사라져 가죠.
어렸을 땐 내가 지구를 지킬 줄 알았는데...
지구는커녕 사랑하는 사람들조차 지키지 못하고 있네요.
영웅이 되고자 했던 패기 넘치는 난 어디로 갔을까?
앞으로 내가 누구를 지킬 수 있을까?

원칙이 정해져 있다 해도
그때그때 상황에 맞는
유연한 사고가 필요해요.
필요할 때는 돌아갈 줄도 알아야 하지요.

"자네는 지난 일과 다가올 일을 너무 걱정하고 있네.
이런 말이 있다네.
어제는 역사요, 내일은 미스터리, 하지만 오늘은 선물이라.
그래서 오늘은 현재(선물)이라는 걸세."

– 영화 '쿵푸 팬더' 중에서

바보같이 과거에 얽매여 살다 보니
나 스스로를 속이는 실수를 범해요.
나한테 지나가버린 과거 따윈
이미 중요한 일이 아닌데 말이에요.

하고 싶은 일만 하며 살 수는 없겠죠.
어쩔 수 없이 돈이 시키는 일을 해야 할 때도 있겠지요.
하고 싶은 일을 하면 돈이 따라온다는 말도
공감이 되지만
앞뒤 가리지 않고 일을 시작하는 것은
아니라고 생각해요.

정답이 뭘까요?

Answer: _____

상처 없는 완벽함보다
상처 받은 서투름이 더 아름답습니다.

모르는 것은 부끄러운 것이 아니에요.
모르면 물으면 돼요.
그렇게 하나하나 알아가고
그렇게 차근차근 배워나가면 돼요.
오히려 모른다는 사실을 감추려는 것이 부끄러운 행동입니다.

사람이라면 예외 없이
자신이 한심하다고 느껴질 때가 있습니다.
그것은 지극히 당연한 일입니다.

자신이 하는 일이 부끄러워서
숨기는 사람이 많아요.

내가 생각해왔던 삶과 너무 달라서
내가 해왔던 말과 너무 달라서
주변을 의식하고 자괴감에 빠져 힘들어하죠.
괜찮아요. 그 답답한 마음 저도 잘 알아요.

당신이 어떤 과거를 가졌는지
또 앞으로 얼마나 대단한 미래를 살아갈지는 모르겠지만
당신이 가는 길에 초라함이 없기를 기대하지 말아야 합니다.
당신의 내일이 오늘보다 나아질 수 있다면
초라함 따윈 기꺼이 감수해내야 합니다.

바꿀 수 없는 것들로
괴로워하지 마세요.

마침표를 찍지 마세요.
아직 끝을 내기엔 우리는 너무 젊습니다.

Fighting

막막하다고 느껴질 때는

막, 막 해보는 거야.

혼다의 설립자 혼다 소이치로는
"대학 졸업장 따위는 영화표만한 가치도 없다.
영화표는 최소한 영화관 입장을 보장하지만
졸업장은 아무것도 보장하지 못한다." 라고 말했습니다.

학연, 지연, 혈연이 없으면 어때요.
우리 삶이 단거리 달리기라면 이길 수 없겠지만
인생은 오래달리기이니까요.
오래달리기의 노하우는 페이스 조절입니다.

추운 겨울이 아무리 길다 한들
봄이 오지 않은 적은 없습니다.
인생의 춥고 배고픈 겨울도
결국은 지나가고
인생의 봄이 다가와 우리 삶에 꽃을 피워줍니다.

지금 실패했다고 큰 나무가 아니라고
너무 힘들어하지 마세요.
더 큰 나무가 되기 위해
뿌리를 깊게 내리는 중일 것입니다.

뿌리 깊은 나무가 큰 나무가 된단다.

높이를 높이려면 깊이를 생각하고 고민해야 한단다.

깊이를 가지려면 여러 번 실패를 겪는단다.

우리가 삶에서 깨닫게 되는 것은

대부분 실패를 통해서 깨닫게 된단다.

뿌리 없는 나무는 없단다.

엄마는 너를 믿는단다.

– 어머니의 편지 중에서 –

당신이 도전하고자 하는 많은 일들은
주변 사람들의 반대에 부딪힐 것입니다.
하지만 이것만은 꼭 기억하세요!
사람들은 자기가 해보지 않은 일들에 대해서는
불가능하다고 반대하거나 비판하는 경향이 많다는 사실을요.

그 유명한 jyp 엔터테인먼트도
한창 대세인 가수 아이유를 몰라보고
오디션에서 떨어뜨렸다고 합니다.
절대 실망하지 마세요.
당신의 가치를 알아봐주는 곳을
아직 찾지 못한 것입니다.

자신감을 가져요.
난 태어났고, 난 살아있으니까!

지금 내 체면을 살리려고 한 일이
훗날 나를 더 초라하게 만들 수 있어요.
지금은 비록 초라해 보이는 일일지라도
미래를 위해 필요하다면 주저 말고 시작하세요.
허세는 한낱 부질없다는 것을 깨닫게 될 거예요.

힘내세요!
아직 우리의 인생을 바로잡을 시간은 충분히 남아 있어요.

지금 평범한 삶을 살고 있나요?
지금 힘든 일, 걱정이 많은가요?
지금까지 삶이 순탄하지 않았다면
정말 좋은 조건을 갖추고 계십니다.

베스트셀러 작가의 조건은 이미 다 갖추었습니다.

왜냐고요?
명작은 반전이 있는 작품이니까요!

Change

불행하지도 않으면서 불행한 사람들.

우리가 변해야 모든 것이 달라 보인다.

– 앙리 프레드릭 아미엘Henri-Frederic Amiel

Seed

세상에서 가장 가치 있는 투자는
주식도, 부동산도, 적금도 아닌
사람의 마음에 투자하는 것 같아요.
마음에 씨앗을 뿌리는 투자를 하세요.

마음의 씨앗들을 세상에 뿌리는 일이
지금은 헛되이 보일지라도
언젠가는 열매를 거두게 되리라.
왕이든 걸인이든 삶은 다만 하나의 거울
우리의 존재와 행동을 비춰 줄 뿐.
자신이 가진 최상의 것을 세상에 주라.
최상의 것이 너에게 돌아오리라.

– 매들린 브리지스Madeline Bridges

Family

아프면 아프다. 말 한 마디 하지 못하고
그 힘들고 아픈 통증을
혼자 견뎌온 그대에게, 그 무겁고 큰 짐을
혼자 짊어온 그대에게
정말 미안해요.

단 한 번도 그대를 이해하지 못했음을.
단 한 번도 그대를 어루만지지 못했음을.

사랑을 받는 것, 그것이 행복이 아니다.
사랑하는 것, 그것이야말로 진정한 행복이다.

― 헤르만 헤세Hermann Hesse

Friends

음악이라는 친구와 사귀어 보자.
음악은 듣는 것만으로도 기쁨을 얻고 웃음 짓게 하며
지치고, 힘들고, 아파할 때
마음을 위로해줄 수 있는 좋은 친구다.
비가 오나 눈이 오나, 좋으나 나쁘나
내 곁에서 항상 기쁨을 주고 위로해줄 수 있는
내 감정을 어루만져주고 달래주는 좋은 친구다.

세상에는 세 종류의 친구가 있다.
나를 사랑하는 사람
나를 미워하는 사람
그리고 나에게 무관심한 사람이다.
나를 사랑하는 사람은 나에게 유순함을 가르치고
나를 미워하는 사람은 나에게 조심성을 가르쳐 준다.
그리고 나에게 무관심한 사람은 나에게 자립심을 가르쳐 준다.

- J.E 딩거

Give

넉넉해서 나누는 것이 아니라
나누어서 넉넉해지는 것이다.

우리는 받음으로써 살아가지만
베풂으로써 삶을 만들어간다

– 윈스턴 처칠 Winston Churchill

Happiness

상대의 마음에 불편을 주는 도움이라면
그 도움은 상대를 위한 도움이 아니라
내 마음이 편하기 위한
나를 위한 도움일지도 모른다.

진정 행복할 수 있는 사람은
어떻게 베풀 수 있는지 터득한 사람뿐이다.

− 알베르트 슈바이처Albert Schweitzer

누구나 쓸 수 있는 글

책의 출판을 위해 출판사에 직접 찾아다닌 적이 있다. 아무래도 인터넷 원고 투고는 얼굴을 대면하고 이야기할 수 없기에 출판사에 진정성을 보여주기 힘들 거라 생각했고 인터넷 투고를 하면 짧게는 2주일에서 많게는 2달까지도 마냥 기다려야만 했다. 심지어는 회신이 오지 않는 곳도 있다기에 인터넷 투고를 하고 마냥 기다리는 것은 해결책이 아니라고 생각했다.

그래서 기다리는 시간도 아끼고 찾아가서 많은 정보를 얻기 위해 용기를 내어 출판사를 직접 찾아다니기로 결심했다. 찾아가 원고 검토를 받고 전문가의 의견도 들으며 수정해나가야 할 방향을 생각해보고 싶었다. 직접 찾아가면 궁금해서라도 원고를 한 번이라도 더 읽고 한 번이라도 더 검토 받을 기회가 생기리라고 판단했다.

– 안녕하세요. 원고 투고하러 왔는데요.

– 원고 투고요??

– 네. 원고 투고요.

– 이렇게 직접 찾아오는 분은 처음이라 조금 당황스럽네요.

– 직접 얼굴 뵙고 이야기하고 싶은 것들이 많아서요. 궁금한 것들도 많고요.

– ⋯⋯⋯⋯

찾아가는 곳마다 이런 경우는 처음이라며 당황하지 않는 곳이 없었다.

속았다.

나에게 힘을 실어주었던 수많은 자기계발, 동기부여 책의 작가들은 '도전하라, 찾아가라, 될 때까지, 남의 시선 신경 쓰지 마라, 괴롭혀라' 라고 말했다. 모든 책에 한 번쯤은 꼭 나오는 그런 말들을 하셨던 분들은 왜 투고를 할 때에는 인터넷으로만 하셨는지 의문이 들었다.

물론 저명하신 분들은 출판사 쪽에서 연락이 먼저 갈 테지만 직접 찾아간 원고 투고자가 내가 처음이라는 사실은 조금 신기했다. 그분들 말씀처럼 잃을 게 없는데 왜 도전을 하지 않으셨을까?

한번은 어느 유명 출판사에 찾아갔다. "원고를 검토해보니 저희 출판사와의 출간 방향과는 맞지 않아서 출간이 어렵겠네요."라고 했다. 나는 "어느 부분이 출간 방향과 맞지 않는지 알려주실 수 있겠어요? 또 수정하고 반영해야 할 점이 있다면 어디를 수정하고 무엇을 반영해야 할까요? 솔직하게 말씀해주세요."라고 했다.

그러자 출판사 측의 대답은 이랬다. "솔직히 말씀드리자면 누구나 다 쓸 수 있는 글입니다. 이런 글들로는 출판을 하기 어렵습니다." 당시 그 말을 들었을 때에는 기분이 너무나 상했다. 한편으로는 그 분야의 전문가에게 그런 평가를 받았으니 정말 내 글이 형편없는 것 같아서 자신감이 뚝 떨어지고 부끄럽기도 했다.

"누구나 다 쓸 수 있는 글입니다. 이런 글들로는 출판을 하기 어렵습니다."
....
누구나 다 쓸 수 있는 글입니다.....
......
누구나 다 쓸 수 있는 글입니다......
....

"누구나 다 쓸 수 있는 글입니다."라는 말이 한동안 내 머릿속에서 떠나지 않았다. 그러다 문득 이런 생각이 들었다. '누구나 다 쓸 수 있는 글이라면 누구나 다 공감할 수 있는 글일 테고, 누구나 다 할 수 있지만 누구도 하지 않았기 때문에 가능성이 있다는 말이 아닐까.' 생각을 전환한 후 마음이 가벼워진 나는 포기하지 않고 계속 글을 쓰며 출판계에 문을 두드렸다.

문제를 어떻게 생각하느냐에 따라 많은 것이 바뀔 수 있다. 고민을 해결하는 방법은 '고민을 부정하는 것이 아니라 인정하는 것'에서 부터 시작된다.

앞으로 도전하고자 하는 많은 일들은
주변 사람들의 반대에 부딪히게 될 수도 있어요.
하지만 이것만은 꼭 기억하세요!
사람들은 자기가 해보지 않은 일들에 대해서는
불가능하다고 반대하거나 비판하는 경향이
많다는 사실을요.

늦겨울

가족

어렸을 적 나는 부유한 가정에서 자랐다. 중학교 때부터는 남들 용돈 받을 때 앞으로 돈 관리하는 법을 배우라며 어머니께서 카드를 만들어주셨고 친구들과 쇼핑을 하러 갈 때면 당시 유행하던 옷과 신발을 살 수 있게 돈을 넉넉히 주셨다. 국영수사과 학원은 물론이고 서예, 한문, 독서, 피아노, 개인과외까지 선생님이 따로 계셨다. 피아노를 배울 때에는 다음날 피아노를 사서 내 방에 놓아주셨고 형은 호른을 배우며 회당 몇 십만 원짜리 비싼 레슨비를 내기도 했다. 부모님은 내게 교육적인 투자를 많이 해주셨지만 나는 공부에 소질이 없었다. 그런 내게 부모님은 유학을 권하기도 하셨다. 그렇게 고등학교 2학년이 되기까지는 걱정이 뭔지 모르며 자랐다.

지금은 어떨지 모르겠지만 내가 학교를 다닐 때는 학교운영지원비나 급식비가 미납된 사람은 선생님이 매달 학생의 이름을 불렀다. 그것도 교탁에서!

같은 반 몇몇 친구들의 이름이 불리면 그 친구들은 교탁 앞으로 나가 선생님이 나눠주는 통지서를 받아야 했다. 내가 고2였던 어느 날이었다.

"신준모!" 선생님이 내 이름을 부르셨다.

"네?"

"신준모. 나와서 통지서 받아가."

얼마나 창피하던지 얼굴이 화끈거렸다.

"저는 미납됐을 리가 없는데요?"

선생님은 약간 짜증난 투로 통지서를 흔들어 보이셨다.

"얼른 나와 받아가!"

친구들 이름이 불릴 때는 상관도 하지 않았는데 막상 내 이름이 불려 교탁으로 나가 보니 친구들이 모두 나만 쳐다보고 있는 것 같았다.

집으로 돌아오자마자 나는 불같이 화를 냈다.

"엄마! 나 학교 운영지원비랑 급식비 통장에서 안 빠져 나갔대. 통장에 돈 안 넣어 놨어? 친구들 앞에서 나 엄청 쪽팔렸잖아!"

어머니는 조심스럽게 입을 여셨다.

"준모야. 아버지 사업이 잘 안되셔서 집안 사정이 많이 안 좋아졌어."
나는 집안에 무슨 일이 어떻게 일어나고 있는지 도무지 알 수가 없었다. 시간이 지날수록 부모님은 힘이 없으셨고 아버지는 변호사를 찾아다니셨다. 소송과 지루한 재판이 이어지며 한 번도 일을 해본적 없었던 어머니까지 식당에 나가 일을 시작하셨다. 그런 힘든 상황 속에서도 힘들다는 부모님의 말은 듣지 못했던 것 같다.

대학생이었던 형은 학교를 휴학하고 군에 입대했다. 아버지는 재판에서 승소하셨지만 경제적으로 변화되는 상황은 없었다. 지루한 재판이 끝난 후 아버지는 친구가 운영하는 조그마한 회사에 취직을 하셨다. 그리고 인근 숙소에서 생활을 시작하셨다. 아버지의 얼굴은 한 달에 한 번 남짓밖에 보지 못했고 그렇게 우리의 '보금자리'는 어머니와 나, 단둘이 생활하는 '공간'이 되어 갔다.

아버지는 새벽에는 신문을 돌리시고 아침이면 출근해 어렵게 번 돈 모두를 고스란히 생활비로 보내셨다.
그즈음 나는 친구들과 밥을 사먹어야 할 때면 '배가 부르다'는 말을 자주 했다. 그렇게 친구들이 맛있게 먹는 모습을 참고 지켜봐야 할 때가 많았다. 당연히 내 생활 태도는 엉망이 되었다. 사복을 입고 술을 먹다가 걸리기도 했고 싸움으로 경찰서에도 갔다. 학교에서는 몇 번씩 징계를 받았다. 밤이면 게임을 하다 무단결석을 하거나 조퇴를 하고 집에서 잠을 자기도 했다. 그러다 주말엔 알바로 용돈을 벌었다.

당시 나는 "나, 그냥 자퇴할 거야!"라는 말을 달고 살았다.

새 학기가 되고 선생님이 나눠주신 가정 통신문에는 일정 비용 이하의 보험료를 내고 있는 가정에 학교운영지원비와 급식비를 지원한다는 내용이 적혀 있었다. 사실 이전에도 같은 내용의 통신문을 어머니께 드린 적이 있다. 하지만 어쩐 일인지 어머니는 도통 아무 말씀이 없으셨다.

"엄마. 학교운영지원비랑 급식비 지원해준대. 우리 신청할 수 있지?"

어머니는 좀처럼 대답이 없으시다 나지막한 목소리로 입을 여셨다.

"그래, 신청할 수 있어."

"그런데 왜 저번에 신청 안 했어?"

"우리 아들 자존심 상할까봐. 친구들 앞에서..."

그러고 보니 학교운영지원비, 급식비 미납 통지서를 한 번 받은 후로는 내 이름이 불려본 적이 없었다. 그건 어머니가 어려운 형편에도 불구하고 우선적으로 납부를 해 오셨기 때문이었다. 내 자존심을 위해서...

그 말을 듣는 순간 나는 울컥 했고 눈물이 흘렀다. 눈물을 보이지 않으려고 일어나 방으로 들어가면서 "나 진짜 자퇴할 거야!"라며 소리를 질렀다. 주체할 수 없는 설움에 복받쳐 눈물이 쏟아졌다.

울다 잠이 들었는지 깨어 보니 저녁이었다. 밥상이 차려져 있었다. 입맛은 없었지만 왠지 어머니께 미안한 마음에 숟가락을 들었다. 그런 내 옆에 어머니가 조용히 앉아 말을 건네셨다.

"준모야. 학교 자퇴하겠다는 말은 하지 마. 그럴 때마다 엄마 심장이 내려앉는다. 엄마가 사실은 거짓말을 하면서 살아왔어. 아빠도 형도 준모도 엄마가 고등학교를 졸업했다고 알고 있잖아. 그런데 사실 엄마는 고등학교를 졸업하지 못했어. 엄마가 어렸을 적 할아버지가 심장마비로 갑자기 돌아가셔서 집안 상황이 어려워지면서 엄마는 고등학교를 졸업하지 못했어. 고등학교를 졸업하지 못해 제대로 된 직장에 취직을 할 수 없었고 무시당하면서 힘든 젊은 시절을 보냈어. 그때부터 엄마는 중졸이라는 것이 부끄러워서 사람들이 학벌을 물어볼 때 고등학교까지 졸업했다고 거짓말을 하면서 살아왔어. 그래서 엄마는 나중에 내 자식들은 대학교까지 보내야겠다고, 나처럼 학벌 때문에 고생하지 않게 하겠다고 결심했어. 준모야. 너는 학교를 졸업하지 못했다는 것 때문에 사회에 나와 무시당하지 않았으면 좋겠어. 살아가는 데 있어 학벌이 걸림돌이 되지 않았으면 해."

엄마는 내게 눈물을 보이며 그동안 마음에 담아두었던 말을 하셨다. 이렇게라도 말하니 그동안 거짓말을 하느라 무거웠던 마음이 한결 가벼워졌다고도 하셨다.
그 이야기를 듣고 나는 또 한 번 울었다.

"엄마, 나 자퇴 안 할게. 그리고 학교에서 학교운영지원비, 급식비 지원해주는 거 신청해. 나 괜찮아."
어머니는 그래도 괜찮겠냐며 거듭 물으셨다.

그날 어머니와 나눴던 이야기가 힘이 돼 나는 별 탈 없이 고등학교를 졸업할 수 있었다.
여전히 나는 가족에게 표현이 서툰 무뚝뚝한 아들이지만 항상 감사한 마음을 안고 살고 있다. 내가 지금 이렇게 살 수 있는 이유는 가족의 사랑이 있었기 때문이다.

멋진 실패라면 후회는 없겠죠

학교 다닐 때 난 전교에서 거의 꼴등이였다. (몇 몇 나보다 뛰어난 친구들이 있었기에 뒤에서 1등을 해보고 싶었지만 할 수 없었다.) 대학갈 생각은 애초에 하지도 않았다. 내 인생 가장 잘 한 것이 뭐냐고 묻는다면 대학을 가지 않은 것이라 말하겠지만 지금 그 길목에 있는 후배들에게는 권하고 싶지 않은 게 솔직한 내 마음이다.

대학을 가지 않았기 때문에 고등학교를 졸업 후, 바로 회사에 취직했다. 어린 나이에 회사를 다닌다는 게 생각보다 우쭐한 마음을 갖게 해서 나는 능력과 나이와는 상관없이 일을 저지르기도 했다. 예를 들어, 차를 사고 할부금에 시달리는 일을 일찍부터 시작 한 것이다. 때 이른 경험은 내게 롤러코스터와 같은 기분을 느끼게 해주었다. 위기를 겪을 때, 죽을 것 같이 힘들었고 그 위기를 통해 돈을 벌 수 있는 기회를 만났을 땐 세상을 다 얻은 것 같았다. 성격도 별나 욱하는 마음에 회사를 그만 두고 돈 1~2만원에 비참한 기분을 느끼기도 했다. 또 다시, 기회를 얻게 된 나는 운이 좋게도 억대연봉자 대열에 오르기도 했다.

돈이 있으니 많은 사람들이 대접을 해주었고 하고 싶은 일을 하지 않을 이유가 없었다. 나보다 훨씬 경제적 능력이 있는 사람들을 만나기도 했는데 그들은 가끔 내게 이런 말을 했다.

"어린 나이에 자네 좀 건방지군."

그랬다. 몇 억대 재산가들 틈에 살고 있던 나는 내가 그들과 같다고 생각했다. 그래서였을까. 더 거만해지고 사람들도 나를 그렇게 바라봤다. 싸가지 없게!

어린 내게 처음 실패가 찾아왔다. 어떤 기회도 나를 다시 살릴 수 없을 것 같이 맹렬하게 덤벼들었다. 거듭된 실패를 통해 나는 갖고 있는 많은 것을 잃었다. 지금에서야 이렇게 담담할 수 있지만 그 때는 눈을 뜨고 있어도 어둠 밖에 보이지 않는 그런 시간들이었다.

실패를 겪은 나는 모든 것이 싫어지기 시작했다. 특히 사람들과 만나는 일을 극도로 싫어해서 휴대폰 번호를 바꾸고 사람들의 번호도 남김 없이 지워버렸다.(이제는 그런 짓은 절대 안 한다.) 화병이라는 게 있다던데, 그 시절 나는 화가 나서 잠도 못 자고 아무 것도 할 수 없었다. 우울증에 걸려 대인기피증이 생겼고 집밖에는 나갈 생각은 하지도 않았다. 그렇게 몇 달의 시간을 보냈다. 그러다 이대로는 안 되겠구나 싶어 책을 읽기 시작했다. 억지로라도 밖에 나가 사람들을 만나고 세상 돌아가는 것에 관심을 두려했다. 화로 가득했던 내 마음은 책을 읽으면서 조금씩 부드러워졌고 등산을 하기 시작하면서 사람들과 눈을 마주치고 인사하는 나를 발견하게 됐다.

이제, 한 가지!

내가 잃어버린 것에 연연해하지 않기. 그리고 다시 뚜벅뚜벅 세상을 향해 나아가야 한다는 사실을 깨달았다.

그렇게 돈 없이 여행을 떠나고 그 전엔 하지 못했던 경험을 하면서 나는 나에게 집중할 수 있었다. 그런 시간은 나를 변화시켰고 지옥 같던 실패의 삶을 내 인생 최고의 삶으로 바꿔놓았다.

그 때 내가 한 일이 있다면 내 마음을 스스로 달래고자 글을 쓰기 시작한 거다. 맞춤법도 제대로 모르는 내가 스스로 격려하고 용기를 주기 위해 마음 속에서 하는 말을 꺼내놓았다. 그렇게 나를 위로하는 말들이 누군가의 마음을 달래주기 시작 했다. 지금은 일주일에 300만 명이 넘는 사람이 내 글을 읽어주고 심지어는 내게 상담을 요청해 오는 메일과 연락을 받기도 한다.

내가 겪은 그 실패로 인해 나는 글을 쓸 수 있었고 그 실패로 인해 강의를 할 기회가 주어졌으며 그 실패로 인해 책을 출판할 수 있는 영광도 주어졌다. 또 이렇게 새로운 삶을 살아갈 수 있게 되었다.

돈이 전부가 아니라는 것을 돈으로 사람을 판단하면 안 된다는 것을 화려하게 보이는 것만이 전부가 아니라는 것을 깨달았다.

항상 위기와 기회는 동전의 양면성을 띄고 있는 것 같다. 어떻게 바라보느냐에 따라 삶이 통째로 바뀐다. 그래서 지금의 난 그것을 알기에 위기가 닥쳐도 실패를 하더라도 크게 두려워하지도 힘들어 하지도 않을 것이다. '어떻게 해서 이 위기를 기회로 바꿀까? 어떻게 해서 이 실패를 기회로 바꿀까?' 생각할 뿐이다.

나는 내가 겪은 모든 위기와 실패에게 진심으로 감사한다. 그 실패가 없었더라면 지금의 나는 없었을 테니까. 무론 가끔 부정적일 때도 있다. 감정을 가진 사람이기에 욱할 때도 있고 종종 삶이 허무할 때도 있고 다 귀찮아서 그만두고 싶을 때도 있다. 하지만 이런 감정들은 일시적인 것이라는 것을 알기에 며칠 지나고 나면 금방 사라져버리고 만다.

내 꿈은 옛날부터 사업가가 되는 것, 회사를 창립하는 것, 부자가 되는 것. 오로지 돈과 명예에만 초점이 맞추어져 있었는데 그 후로는 경제, 경영, 돈 버는 공부를 해본 적이 단 한 번도 없다. 그냥 내 마음이 가는 대로 읽고 싶은 책을 읽고 공부하고 싶은 것들을 공부했으며 여행을 하면서 많은 사람들을 만나고 소통하면서 삶의 공부를 삶의 지혜를 배워나갔다.

실패를 하고 나서 포기를 하고나서 주변사람들과 비교를 하다보면 잠시 뒤쳐진 기분이 들기도 했지만 마음이 가는대로 하고 싶은 일들을 하다 보니 어느덧 많은 일들이 일어났고 말로만 듣던 스카웃 제의를 여섯 번이나 받을 수 있었다.

이밖에도 수많은 실패와 힘든 사건들이 내 20대 초반에 있었지만 결국 말하고 싶은 핵심은 이거 하나다. 아무리 힘든 일도 지나고 보면 별 일 아니니 이것저것 다 저질러 보고 하고 싶은 거 다해봐라!
죽이 되던 밥이 되던 어떻게든 다 해결된다. 내가 장담한다! 그 당시에는 손해를 본 것 같지만 다 좋은 일로 돌아온다.

지금의 난 예전의 나보다 돈을 많이 벌지 못하지만 나는 성공했다고 생각한다. 남들이 보는 기준이 아닌 내 기준에서!
내가 조금은 만족하는 삶을 살아가고 있으니까!
그리고 언제든 과거는 뛰어넘을 수 있는 모든 것을 갖추어가고 있다고 생각한다. 골도 넣어본 놈이 넣는다고 한번 경험해보면 다시 경험하는 것은 쉬운 일이다. 그러므로 실패했다고 좌절하지도 말고 돈 때문에 힘들어하지도 말고

"밖으로 나가서 멋진 실패라도 실컷 맛 보자!"

Thank you! Message!!

저의 작은 생각과 글에 수천 명이 넘는 분들이
감사의 글을 보내주셨습니다.
오히려 제게 더 많은 감동과 깨달음을 주셨어요.

일일이 감사드리지 못하지만
우리가 함께 나눈 순수한 열정을 더 많은 분들께도
나눠드리고자 지면을 할애해 남겨 봅니다.

앞으로는 이렇게 해보려 해요

〈어떤 하루〉를 읽고 다른 분들과 자신만의 좋은 생각
혹은 위로를 전해 주시고 싶다면
제 '페이스 북 페이지' 에 글을 남겨 주세요.
이 지면을 할애해 많은 분들의 좋은 생각을 담은 책으로
바꿔가며 발행할 예정입니다.

- 어 떤 하 루 에 살 고 있 는 준 모 가 -

● 지금 제게 필요한 말만 다 해주셨네요. 눈물이 나요. 나중에 제가 잘 되면 님이 제 인생에 한 줄 남긴 겁니다.
　　　　　　　　　　　　　　　　　　　　　　　　　　　　　　　　　　　　　　　– J

● 우울증을 가진 저에게 정말 많은 도움과 힘이 되었습니다. 감사합니다. 이제 희망을 안고 살아요.
　　　　　　　　　　　　　　　　　　　　　　　　　　　　　　　　　　– 20대 초 여자

● 성공을 향해가는 사람이 아니라 만들어가는 사람입니다. 청소년과 아들들에게 알려주고 싶은 글 담아가고 싶네요.
　　　　　　　　　　　　　　　　　　　　　　　　　　　　　　– 서울특별시 대표엄마

● 혼자 열등감에 빠져 힘든 하루하루를 어떻게든 걸어가려고 애썼는데... 정말 많은 힘이 됐습니다.
　　　　　　　　　　　　　　　　　　　　　　　　　　　– 미스터 박. 안성시에서 보냄

● 지치고 힘든 일상 속에 어느 덧 신준모 씨의 글이 제겐 에너자이저 와도 같은 존재가 돼 버렸네요. 하루하루 감사합니다.
　　　　　　　　　　　　　　　　　　　　　　　　　　　　　　　　　– 하트선글라스

● 언제나 글들이 가슴을 흔듭니다. 그래서 내가 살아있다는 것을 알게 되지만. :)
　　　　　　　　　　　　　　　　　　　　　　　　　　　　　　　　　　　– 이씨, 남

● 중국집 가서 메뉴 고를 때 천원 이 천원 비싸다고 먹고 싶었던 것 포기하지 말라고 하셨잖아요? 그 글 좀 찾아주세요. PPT 발표수업에 쓰고 싶어 물어봅니다.
　　　　　　　　　　　　　　　　　　　　　　　　　　　　　　　– 가장 슬픈**, 남

● 매우 젊은데 정말 맞는 말 삶의 지혜가 담긴 글귀가 많네요. 멋지시다! 어떻게 젊은 분이 이렇게 많은 사람들에게 큰 도움을 주는 생각들을 하실까 했는데 이런 삶의 고비들이 있었군요! 진짜 엄청난 힘이 돼요!
　　　　　　　　　　　　　　　　　　　　　　　　　– 월, 오후 7:48 여자

● 최근 너무 힘든 일이 있어 좌절하며 힘내보려 노력하던 중이었습니다. 미국 온지가 얼마 안 되어 적응도 못하고 힘들어 하던 찰나에 여자친구가 전 남자친구에게 돌아가 버렸네요. 이렇게 충격적이고 마음 아픈 일은 처음이라 울기도 많이 울고 식음 전폐하며 페인처럼 있었네요. 글들이 많은 도움이 됐습니다. 세상에 이로운 일 하시는 것에 자부심을 가지고 사셨으면 좋겠습니다. 시간이 흘러 어찌 기회가 된다면 인생에 관한 이야기를 나누고 싶네요.
　　　　　　　　　　　　　　　　　　　　　　　　　　　　　　　　　　– J.Lee

● 글을 볼 때마다 제 자신을 돌아보고 정신 차리게 해주시네요. ㅎㅎㅎ
　　　　　　　　　　　　　　　　　　　　　　　　　　　　– 서울특별시, 홍길동

● 요즈음 일에 대해서 조금 지쳐가고 있는 도중에 우연히 글들 보고 용기가 생겼습니다.
　　　　　　　　　　　　　　　　　　　　　　　　　　　– 미스 리, 성남시에서 보냄

- 매일매일 들어와 읽고 있어요. 봤던 글 또 읽어도 그 날 그 날 또 다른 생각을 하게 되고 또 다른 깨달음이 있는 것 같아요. 제 마음을 성형시켜 주시네요.

  – 미스 박, 웹에서

- 주말 아침부터 메시지 보내서 죄송해요. 요새 우울증과 불면증 이런 저런 고민이 잡 생각으로 번져서 많이 힘들었는데 글들을 보며 마음 단단히 다잡게 되는 것 같아요.

  – 미스터 김, 모바일 전송

- 늘 고마워요~~~~~~ 지구 반대편 아르헨티나에서 매일 힘이 되는 글 잘 읽고 있어요
  ~ ^_^

  – Rita

- 청춘이라 행복한 스무 살 최입니다. 당신의 글 덕분에 항상 힘이 되고 얻어가는 게 많습니다. 죄송하지만 앞으로도 좋은 말 부탁드리겠습니다.

  – Y.Y.C

- 직장에서 새로운 도전을 시작하려는 저에게 뼈가 되고 살이 되는 소중한 글들 감사합니다.

  – IT업계 종사자, 신씨

- 다 포기하고 싶을 때, 그만하고 싶을 때 힘이 얼마나 돼 주셨는지...

  – 서울특별시, 황**

- 수능을 앞 둔 19살 한**입니다. 수능, 공부보다 안정적 일자리로 돈을 벌기 원했는데 오늘 큰 결심을 했어요. 일년 더 해보려고요. 포기하지 않겠습니다. 용기를 주셔서 감사합니다.

  – 10대 한씨, 이천시에서 보냄

- 요즘 회사를 다녀요. 아직 19살인데 사회경험 한다는 것도 많이 서툴고 두려워요. 성공이라는 단어를 원하기 보다는 제가 하고 싶은 일을 하고 싶은데 지금 제 일은 하고 싶은 일이 아니에요. 제가 입사하겠다고 지원해서 온 건데 제대로 알고 온 것이 아니어서 후회를 많이 해요. 그렇지만 제게 주어진 일이니까 저 나름대로 하루하루 열심히 일한다고 하는데 너무 힘들어요. 좋은 글 보며 조금이라도 저를 위로합니다.

  – 미스 김

- 학교폭력으로 힘들어하다 이 페이지를 발견하고 많이 위로 받았습니다. 상처를 딛고 일어설 수 있게 힘도 주셔서 감사합니다. 하루 종일 누가 해치지 않을까 조마조마했던 하루가 끝나고 밤이 되면 긴장이 풀려서인지 다음날에 대한 걱정 때문에 밤 새 울기도 많이 울었었는데요. 그 밤에 준모님의 글을 읽으며 마음을 많이 다잡았습니다. 만약 준모님의 글을 보지 못했더라면 저는 잘못된 선택을 했을지도 모르겠습니다. – J

● 뭔가 잘 안 될 때 이걸 보면 무언가를 하고 싶은 욕구가 생깁니다.

– 영국에서 보냄, B.S

● 우연히 보게 된 글들, 선택을 망설이는 저 자신에게 해줄 말이 참 많더군요. 제가 가기로 선택한 길을 누군가에게 확인받은 느낌이 들어 참 좋았습니다. 작가님도 저희와 같이 평범한 일상에서 좌절하고, 실패하고, 그로 인해 내일이 두려웠던 사람 중 한 분이었기 때문에 이런 글을 쓰지 않았나 합니다. 저처럼 미래를 두려워하는 사람들, 여기저기서 치이며 너무 일찍 무거운 짐을 져버린 20대에게 이 페이지가 희미하게나마 빛나는 밤하늘에 별같은 존재가 되지 않을까 하는 생각입니다. 앞으로도 좋은 글 기대하면서 심심한 감사를 드립니다. – 대전에서, 미스터 신

● 항상 소름끼칠 정도로 저의 나태함과 불안함을 한 방에 타파해주십니다.   – K.B.H

● 어떤 목표를 정하고 고민에 빠져, 마음이 흔들리고 약해질 때 타이밍도 어쩜. 신준모 성공연구소의 글을 보게 되면 띵!하고 자극을 받게 되요. 앞으로도 자극 팍팍 되는 글 부탁드립니다. – 인천광역시에서 보냄, 전양

● 성공만 보고 살다가 올해 초 노름을 배워 전 재산을 날리고 다시 시작하는 중입니다. 패배의식에 젖어 다시 시작하는 일이 자신 없었는데 힘이 되네요. – K씨

● 급작스런 취업사기로 요새 몸도 마음도 죽어가고 있는 것 같았는데 주변 분이 작가님의 글을 보여줬어요. 작은 위안 받게 되어 한마디 남깁니다. 파이팅입니다!

– 서울특별시에서 보냄, 김女

● 부산에서 야구를 하고 있는 중3입니다. 운동이 힘들 때마다 성공연구소와서 많은 힘을 얻고 갑니다. – 부산광역시에서 보냄, 이 학생

● 마음이 따뜻해지는 페이지 만들어주셔서 감사합니다. 최근 공황장애를 겪었습니다. 정말 힘든데 아무도 내 이야기를 들어줄 것 같지 않은 두려움, 사람들의 표정과 눈빛... 그럴때마다 더 씩씩하게 지내고 싶어서. 좋은 글, 힘이 되는 글 많이 읽고 보려고 페이지에 들른답니다. 마음이 한결 좋아지고, 극단적인 생각을 했던 순간에도 나는 혼자가 아닐 거라는 마음이 생겼거든요. – E. Lee